卞尺丹几乙し丹卞と

Translated Language Learning

Los Diarios de Adán y Eva

The Diaries of Adam and Eve
Mark Twain

Español / English

Copyright © 2023 Tranzlaty
All rights reserved.
Published by Tranzlaty
ISBN: 978-1-83566-181-9
Original texts by Mark Twain:
Extracts from Adam's Diary: Translated from the Original MS
First published in The Niagara Book 1893
Eve's Diary
First published in Harper's Bazaar 1905
Illustrated by Lester Ralph
www.tranzlaty.com

- Extractos del Diario de Adán -
- Extracts from Adam's Diary –

Había traducido una parte de este diario hace algunos años
I had translated a portion of this diary some years ago
Un amigo mío imprimió algunas copias del texto
a friend of mine printed a few copies of the text
El texto estaba incompleto
the text was in an incomplete form
Pero el público nunca llegó a ver esos textos
but the public never got to see those texts
Desde entonces he descifrado algunos de los jeroglíficos de Adán
Since then I have deciphered some more of Adam's hieroglyphics
Ahora se ha vuelto lo suficientemente importante como personaje público
he has now become sufficiently important as a public character
y creo que esta publicación ahora se puede justificar
and I think this publication can now be justified
Marcos Twain

***

LUNES - MONDAY
Esta nueva criatura con el pelo largo está constantemente en el camino
This new creature with the long hair is constantly in the way
Siempre está dando vueltas y siguiéndome
It is always hanging around and following me about
No me gusta esto
I don't like this
No estoy acostumbrado a la compañía
I am not used to company
Ojalá se quedara con los otros animales
I wish it would stay with the other animals

Nublado hoy, viento del este
Cloudy to-day, wind in the east
Creo que tendremos lluvia
I think we shall have rain
¿De dónde saqué esa palabra?
Where did I get that word?
Ahora recuerdo
I remember now
La nueva criatura usa esa palabra
the new creature uses that word

MARTES - TUESDAY
He estado examinando la gran cascada
I've been examining the great waterfall
la gran cascada es lo mejor de la finca, creo
the great waterfall is the finest thing on the estate, I think
La nueva criatura lo llama Cataratas del Niágara
The new creature calls it Niagara Falls
¿Por qué se llama cataratas del Niágara?
why does it call it Niagara falls?
Estoy seguro de que no lo sé
I am sure I do not know
dice que la cascada se parece a las cataratas del Niágara
it says the waterfall looks like Niagara Falls
Esa no es una razón
That is not a reason
es mera rebeldía e imbecilidad
it is mere waywardness and imbecility
No tengo la oportunidad de nombrar nada yo mismo
I get no chance to name anything myself
La nueva criatura nombra todo lo que aparece
The new creature names everything that comes along
Ni siquiera tengo tiempo para protestar
I don't even get time to protest
Siempre se ofrece el mismo pretexto
the same pretext is always offered

"Parece la cosa"
"it looks like the thing"
Está el dodo, por ejemplo
There is the dodo, for instance
Dice que en el momento en que uno lo mira ve que el animal "parece un dodo"
it says the moment one looks at it one sees the animal "looks like a dodo"
Tendrá que mantener ese nombre, sin duda
It will have to keep that name, no doubt
Me cansa preocuparme por ello
It wearies me to fret about it
Y no sirve de nada preocuparse por eso, de todos modos
and it does no good to worry about it, anyway
¡Dodo! No se parece más a un dodo que yo
Dodo! It looks no more like a dodo than I do

MIÉRCOLES - WEDNESDAY
Me construí un refugio contra la lluvia
I built myself a shelter against the rain
pero no podía tenerlo para mí en paz
but I could not have it to myself in peace
La nueva criatura se entrometió
The new creature intruded
Traté de apagarlo
I tried to put it out
pero arrojó agua por los agujeros con los que se ve
but it shed water out of the holes it looks with
Se limpió el agua con el dorso de las patas
it wiped the water away with the back of its paws
e hizo un ruido como el que hacen los animales cuando están en apuros
and it made a noise like the animals do when they are in distress
Desearía que no hablara
I wish it would not talk

siempre está hablando
it is always talking
Eso suena como una aventura barata a la pobre criatura
That sounds like a cheap fling at the poor creature
pero no quiero que suene como un insulto
but I do not mean it to sound like a slur
Nunca antes había escuchado la voz humana
I have never heard the human voice before
Para mí es un sonido nuevo y extraño
for me it is a new and strange sound
y este sonido se entromete en el solemne silencio de estas soledades soñadoras
and this sound intrudes itself upon the solemn hush of these dreaming solitudes
Me ofende el oído y me parece una nota falsa
it offends my ear and seems a false note
Y este nuevo sonido está tan cerca de mí
And this new sound is so close to me
Está justo en mi hombro, justo en mi oreja
it is right at my shoulder, right at my ear
Primero por un lado y luego por el otro
first on one side and then on the other
Estoy acostumbrado solo a los sonidos que están a distancia de mí
I am used only to sounds that are at a distance from me

VIERNES - FRIDAY
El nombramiento sigue siendo imprudente, a pesar de todo lo que puedo hacer
The naming goes recklessly on, in spite of anything I can do
Tenía un muy buen nombre para la finca: Jardín del Edén
I had a very good name for the estate: Garden of Eden
Era musical y bonito
it was musical and pretty
En privado, sigo llamándolo así
Privately, I continue to call it that

pero ya no lo llamo así en público
but I don't call it that in public anymore
La nueva criatura dice que todo son bosques, rocas y paisajes
The new creature says it is all woods and rocks and scenery
por lo tanto, no tiene semejanza con un jardín, dice
therefore it has no resemblance to a garden, it says
Dice que parece un parque
it says it looks like a park
Dice que no parece otra cosa que un parque
it says it does not look like anything but a park
Sin consultarme, decidió cambiar el nombre del jardín
without consulting me, it decided to rename the garden
ahora se llama Parque de las Cataratas del Niágara
now it's called Niagara falls park
se está convirtiendo en demasiado para mí
it is becoming too much for me
Y ya hay una inscripción
And there is already a sign up
"Mantente alejado de la hierba"
"Keep off the grass"
Mi vida no es tan feliz como antes
My life is not as happy as it was

SÁBADO - SATURDAY
La nueva criatura come demasiada fruta
The new creature eats too much fruit
Es muy posible que nos quedemos sin fruta muy pronto
We may well run short of fruit quite soon
"Nosotros", otra vez. Esa es una de sus palabras
"we", again. That is one of its words
He escuchado la palabra tantas veces
I've heard the word so many times
Y ahora es una de mis palabras también
and now it's one of my words too

Hay mucha niebla esta mañana
There is a good deal of fog this morning
No salgo en la niebla
I do not go out in the fog
La nueva criatura siempre sale en la niebla
The new creature always goes out in the fog
Se apaga en todos los climas
It goes out in all weathers
Se pasea afuera con sus pies embarrados y habla
it stumps around outside with its muddy feet and talks
Solía ser tan agradable y tranquilo aquí
It used to be so pleasant and quiet here

DOMINGO - SUNDAY
Este día se está volviendo cada vez más difícil
This day is getting to be more and more trying
el pasado mes de noviembre hicimos de este día un día de descanso
last November we made this day a day of rest
Ya tenía seis días de descanso a la semana
I already had six days of rest per week
Esta mañana encontré a la nueva criatura en el árbol prohibido
This morning I found the new creature at the forbidden tree
estaba tratando de arrancar manzanas de ese árbol prohibido
it was trying to clod apples out of that forbidden tree

LUNES - MONDAY
La nueva criatura dice que su nombre es Eva
The new creature says its name is Eve
Eso está bien
That is all right
No tengo ninguna objeción a que se llame Eva
I have no objections to it being called Eve
dice que debo llamar a Eva cuando quiera que venga
it says I should call Eve when I want it to come
Dije que eso sería superfluo

I said that would be superfluous
Evidentemente, la palabra me elevó en su sentido
The word evidently raised me in its respect
De hecho, es una palabra grande y buena
it is indeed a large and good word
Valdrá la pena repetir esta palabra
this word will be worth repeating
Dice que no es un "eso"
It says it is not an "it"
dice que es una "Ella"
it says it is a "She"
Esto es probablemente dudoso
This is probably doubtful
pero a mí me da lo mismo
but it is all the same to me
Lo que sea que ella sea no importaría si no hablara tanto
whatever she is wouldn't matter if she didn't talk so much

MARTES - TUESDAY
Ha llenado toda la finca de nombres execrables y signos ofensivos:
She has littered the whole estate with execrable names and offensive signs:
"Por aquí al remolino"
"this way to the whirlpool"
"Por este camino a la Isla de la Cabra"
"this way to goat island"
"Cueva de los Vientos por aquí"
"cave of the winds this way"
Ella dice que este parque sería un lugar de veraneo ordenado
She says this park would make a tidy summer resort
Pero los lugares de veraneo no son en absoluto habituales
but summer resorts are not at all customary
"Lugar de veraneo": otro invento suyo
"Summer resort" - another invention of hers
solo palabras sin ningún significado

just words without any meaning
¿Qué es un lugar de veraneo?
What is a summer resort?
Pero es mejor no preguntarle
But it is best not to ask her
tiene tanta energía para explicar
she has so much energy for explaining

VIERNES - FRIDAY
Se ha dedicado a suplicarme que deje de pasar por encima de las cataratas
She has taken to beseeching me to stop going over the Falls
¿Qué daño hace?
What harm does it do?
Dice que la hace estremecer.
Says it makes her shudder
Me pregunto por qué la hace estremecerse
I wonder why it makes her shudder
Siempre he saltado desde las cascadas
I have always jumped down from the waterfalls
Me gustó la zambullida y la emoción
I liked the plunge and the excitement
y me gustó la frescura del agua
and I liked the coolness of the water
Supuse que para eso estaban las cataratas
I supposed it was what the Falls were for
No tienen ningún otro uso que yo pueda ver
They have no other use that I can see
y deben haber sido hechos para algo
and they must have been made for something
Dice que solo se hicieron para la escenografía
She says they were only made for scenery
como el rinoceronte y el mastodonte
like the rhinoceros and the mastodon
Recorrí las cataratas en un barril
I went over the Falls in a barrel

pero eso no le satisfacía
but that was not satisfactory to her
Pasé por encima de las cataratas en una bañera
I Went over the falls in a tub
Todavía no era satisfactorio
it was still not satisfactory
Nadé por el Whirlpool y el Rapids con un traje de hojas de parra
I swam the Whirlpool and the Rapids in a fig-leaf suit
Mi traje se dañó mucho
my suit got very damaged
así que tuve que escuchar tediosas quejas sobre mi extravagancia
so I had to listen to tedious complaints about my extravagance
Estoy demasiado estorbado aquí
I am too hampered here
Lo que necesito es un cambio de escenario
What I need is change of scenery

SÁBADO - SATURDAY
Me escapé el martes pasado por la noche y viajé dos días
I escaped last Tuesday night and travelled two days
Construí otro refugio en un lugar apartado
I built another shelter in a secluded place
y borré mis huellas lo mejor que pude
and I obliterated my tracks as well as I could
pero ella me persiguió con la ayuda de una de sus bestias
but she hunted me out with the aid of one of her beasts
una bestia que ha domado y llama lobo
a beast which she has tamed and calls a wolf
Volvió a hacer ese ruido lastimero
she came making that pitiful noise again
Y ella estaba derramando esa agua de los lugares con los que mira
and she was shedding that water out of the places she looks with

Me vi obligado a regresar con ella
I was obliged to return with her
pero volveré a emigrar, cuando se presente una ocasión
but I will emigrate again, when an occasion presents itself

Se dedica a muchas tonterías
She engages herself in many foolish things
Está tratando de entender por qué los leones y los tigres comen hierba y flores
she's trying to understand why the lions and tigers eat grass and flowers
Ella dice que sus dientes indicarían que estaban destinados a comerse unos a otros
she says their teeth would indicate that they were intended to eat each other
Esta es una idea tonta
This is a foolish idea
Para ello tendrían que matarse unos a otros
to do that they would have to kill each other
según tengo entendido, eso introduciría lo que se llama "muerte"
as I understand it that would introduce what is called "death"
y me han dicho que la muerte aún no ha entrado en el Parque
and I have been told that death has not yet entered the Park
En algunos casos, es una lástima
on some accounts that is a pity

DOMINGO - descansado
SUNDAY - rested

LUNES - MONDAY
Creo que veo para qué es la semana
I believe I see what the week is for
es dar tiempo para descansar del cansancio del domingo
it is to give time to rest up from the weariness of Sunday

Parece una buena idea
It seems a good idea
Ha vuelto a trepar a ese árbol
She has been climbing that tree again
La saqué de ahí
I clodded her out of it
Dijo que nadie estaba mirando
She said nobody was looking
Parece considerar que es una justificación suficiente
she seems to consider that a sufficient justification
pero no es justificación para cambiar una cosa peligrosa
but it is no justification for chancing a dangerous thing
Le dije que no era justificación para lo que había hecho
I told her it was no justification for what she did
La palabra "justificación" conmovió su admiración
The word "justification" moved her admiration
parecía envidiarme un poco, pensé
she seemed to envy me a little, I thought
Es una buena palabra
It is a good word
Usaré la palabra más a menudo
I shall use the word more often

JUEVES - THURSDAY

Me dijo que estaba hecha de una de mis costillas
She told me she was made out of one of my ribs
Dudo un poco de lo que dice
I somewhat doubt what she says
Parece que no me falta ni una costilla
I don't seem to be missing a rib
y no puedo imaginar cómo habría sido hecha de mi costilla
and I can't imagine how she would have been made from my rib
Está haciendo un gran alboroto por el buitre
She is making a great fuss about the buzzard
Ella dice que su estómago no está de acuerdo con la hierba

she says his stomach does not agree with the grass
Tiene miedo de no poder criar al buitre
she is afraid she can't raise the buzzard
Ella piensa que estaba destinado a vivir de carne podrida
she thinks it was intended to live on decayed flesh
El ratonero debe arreglárselas lo mejor que pueda con lo que se le proporciona
The buzzard must get along the best it can with what is provided
No podemos dar un vuelco a todo el esquema para dar cabida al buitre
We cannot overturn the whole scheme to accommodate the buzzard

SÁBADO - SATURDAY
Cayó en el estanque mientras se miraba a sí misma en él
She fell in the pond while she was looking at herself in it
siempre se está mirando a sí misma
she is always looking at herself
Estuvo a punto de ser estrangulada por el agua
She was nearly strangled by the water
Y ella dijo que era muy incómodo
and she said it was most uncomfortable
Esto le hizo sentir lástima por las criaturas que viven en el agua
This made her sorry for the creatures which live in the water
las criaturas a las que ella llama peces
the creatures which she calls fish
Sigue poniendo nombres a cosas que no los necesitan
she continues to fasten names on to things that don't need them
no vienen cuando son llamados por esos nombres
the don't come when they are called by those names
Pero este es un asunto que no tiene ninguna importancia para ella
but this is a matter of no consequence to her

ella es tan entumecida
she is such a numbskull
Anoche sacó muchos peces del agua
she took a lot of the fish out of the water last night
Y luego los llevó a la casa
and then she brought them into the house
Los puso en mi cama para que estuvieran calientes
she put them in my bed so they would be warm
Pero no parecen más felices que antes
but they don't seem any happier than where they were before
todo lo que puedo ver es que son más silenciosos
all I can see is that they are quieter
Cuando llegue la noche los volveré a tirar
When night comes I shall throw them out again
No volveré a dormir con estos peces en mi cama
I will not sleep with these fish in my bed again
Encuentro tendido desnudo entre ellos pegajoso y desagradable
I find lying unclothed among them clammy and unpleasant

DOMINGO - descansado
SUNDAY - rested

MARTES - TUESDAY
Se ha hecho amiga de una serpiente
She has made friends with a snake
Los otros animales se alegran de que sea amiga de la serpiente
The other animals are glad that she is friends with the snake
porque siempre estaba experimentando con los otros animales
because she was always experimenting with the other animals
y siempre estaba molestando a los otros animales
and she was always bothering the other animals
y también me alegro de que sea amiga de la serpiente
and I am also glad she is friends with the snake

porque la serpiente habla
because the snake talks
Ahora pasa más tiempo hablando con la serpiente en lugar de conmigo
now she spends more time talking with the snake instead of me
y esto me permite descansar
and this enables me to get a rest

VIERNES - FRIDAY
Ella dice que la serpiente le aconseja que pruebe el fruto del árbol prohibido
She says the snake advises her to try the fruit of the forbidden tree
Y dice que el resultado será una educación grande, fina y noble
and she says the result will be a great and fine and noble education
Le dije que también habría otro resultado
I told her there would be another result, too
Comer del árbol introduciría la muerte en el mundo
eating from the tree would introduce death into the world
Decirle que la fruta traería la muerte al mundo fue un error
telling her the fruit would bring death into the world was a mistake
Hubiera sido mejor guardarme el comentario para mí
it would have been better to keep the remark to myself
Hablarle de la muerte le dio otra idea
telling her about death gave her another idea
Podría salvar al buitre enfermo
she could save the sick buzzard
y podía proporcionar carne fresca a los abatidos leones y tigres
and she could furnish fresh meat to the despondent lions and tigers
Le aconsejé que se mantuviera alejada del árbol

I advised her to keep away from the tree
Dijo que no se mantendría alejada del árbol
She said she wouldn't keep away from the tree
Preveo problemas y emigraré
I foresee trouble and I will emigrate

MIÉRCOLES - WEDNESDAY
He tenido un tiempo lleno de acontecimientos desde que escapé
I have had an eventful time since I escaped
Me escapé la noche en que ella comió del árbol
I escaped on the night she ate from the tree
y monté a caballo toda la noche tan rápido como él podía
and I rode a horse all night as fast as he could go
Esperaba salir del parque y esconderme en algún otro país
I hoped to get out of the park and hide in some other country
Esperaba escapar antes de que comenzaran los problemas
I hoped I would get away before the trouble began
pero mis planes no iban a ser
but my plans were not to be
Aproximadamente una hora después de la salida del sol, estaba cabalgando a través de una llanura florida
About an hour after sunup I was riding through a flowery plain
Miles de animales pastaban y dormitaban
thousands of animals were grazing and slumbering
y los animalitos jugaban entre sí
and the young animals were playing with each other
De repente estallaron en una tempestad de ruidos espantosos
all of a sudden they broke into a tempest of frightful noises
y en un momento la llanura estaba en una conmoción frenética
and in one moment the plain was in a frantic commotion
Cada bestia estaba destruyendo a su vecina
every beast was destroying its neighbour

Sabía lo que significaba; Eva había comido ese fruto
I knew what it meant; Eve had eaten that fruit
La muerte había venido al mundo
death had come into the world
Los tigres se comieron mi caballo
The tigers ate my horse
no prestaron atención cuando les ordené que desistieran
they payed no attention when I ordered them to desist
incluso me habrían comido si me hubiera quedado
they would even have eaten me if I had stayed
Encontré este lugar fuera del parque
I found this place outside the park
Estuve bastante cómodo durante unos días
I was fairly comfortable for a few days
pero ella ha encontrado mi escondite
but she has found my hiding place
y ha llamado al lugar Tonawanda
and she has named the place Tonawanda
dice que se parece a Tonawanda
she says it looks like Tonawanda

De hecho, no me dio pena que viniera
In fact, I was not sorry she came
Aquí no hay más que escasas cosechas
there are but meagre pickings here
Y ella trajo algunas de esas manzanas
and she brought some of those apples
Tenía tanta hambre que quería comérmelos
I was so hungry that I to eat them
Comer esas manzanas iba en contra de mis principios
eating those apples was against my principles
pero encuentro que los principios no tienen fuerza real excepto cuando uno está bien alimentado
but I find that principles have no real force except when one is well fed
Venía envuelta en ramas y manojos de hojas

She came curtained in boughs and bunches of leaves
Le pregunté qué quería decir con semejante tontería
I asked her what she meant by such nonsense
Le arrebaté las hojas
I snatched the leaves from her
y arrojó sus sábanas al suelo
and threw her coverings onto the ground
ella se rió y se sonrojó cuando hice esto
she tittered and blushed when I did this
Nunca antes había visto a una persona reírse y sonrojarse
I had never seen a person titter and blush before
Sus modales parecían impropios e idiotas
her manner seemed to be unbecoming and idiotic
pero ella dijo que pronto sabría cómo se sentía
but she said I would soon know how it felt
En esto tenía razón
in this she was correct
He llegado a comprender el sentimiento de vergüenza
I have come to understand the feeling of shame

Hambriento como estaba, dejé la manzana a medio comer
Hungry as I was, I laid down the apple half eaten
sin duda fue la mejor manzana que he visto en mi vida
it was certainly the best apple I ever saw
Era una manzana especialmente buena, teniendo en cuenta lo avanzado de la temporada
it was as especially good apple, considering the lateness of the season
y me cubrí con las ramas y ramas desechadas
and I covered myself in the discarded boughs and branches
luego le hablé con cierta severidad
then I spoke to her with some severity
Le ordené que fuera a buscar más manzanas
I ordered her to go and get some more apples
y le dije que no hiciera tal espectáculo de sí misma
and I told her not make such a spectacle of herself

Hizo lo que le dije
She did as I told her
Luego nos arrastramos hasta donde las bestias salvajes luchaban
then we crept down to where the wild beasts bad battled
y recogimos algunas de sus pieles
and we collected some of their furs
Le hice un par de trajes apropiados para ocasiones públicas
I made her patch together a couple of suits proper for public occasions
Son incómodos, es cierto
They are uncomfortable, it is true
Pero esta ropa que ahora usamos es elegante
but this clothing we now wear is stylish
Y ese es el punto principal sobre la ropa
and that is the main point about clothes

Me parece que es una buena compañera
I find she is a good companion to have
Me sentiría solo y deprimido sin ella
I would be lonesome and depressed without her
si no la tuviera, no tendría a nadie
if I didn't have her I wouldn't have anyone
pero dice que está ordenado que trabajemos para ganarnos la vida de ahora en adelante
but she says it is ordered that we work for our living from now on
Ella será útil para dividir el trabajo
She will be useful in dividing up the work
Supervisaré el trabajo que hacemos
I will superintend over the work we do

- Diez días después -
- Ten Days Later -

¡Me acusa de ser la causa de nuestro desastre!
She accuses me of being the cause of our disaster!
Ella dice que la Serpiente le aseguró que el fruto prohibido no eran manzanas
She says the Serpent assured her that the forbidden fruit was not apples
Y lo dice con aparente sinceridad y verdad
and she says this with apparent sincerity and truth
Dice que no eran manzanas, sino castañas
she says they weren't apples, but instead that they were chestnuts
Le dije que era inocente porque no había comido castañas
I said I was innocent since I had not eaten any chestnuts
pero la Serpiente le informó que "castaño" también podía tener un significado figurado
but the Serpent informed her that "chestnut" could also have a figurative meaning
Dice que una castaña puede ser una broma envejecida y mohosa
she says a chestnut can be an aged and mouldy joke
Me puse pálido ante esta definición
I turned pale at this definition
porque he hecho muchos chistes para pasar el tiempo cansado
because I have made many jokes to pass the weary time
y algunos de ellos mis chistes podrían haber sido de la variedad castaña
and some of them my jokes could have been of the chestnut variety
pero honestamente había supuesto que eran chistes nuevos cuando los hice
but I had honestly supposed that they were new jokes when I made them

Me preguntó si había hecho alguna broma justo en el momento de la catástrofe
She asked me if I had made any jokes just at the time of the catastrophe
Me vi obligado a admitir que me había hecho una broma a mí mismo
I was obliged to admit that I had made a joke to myself
aunque no hice la broma en voz alta
although I did not make the joke aloud
este era el chiste que estaba pensando para mí mismo:
this was the joke I was thinking to myself:
Estaba pensando en las cascadas
I was thinking about the waterfalls
"¡Qué maravilloso es ver caer esa vasta masa de agua allí abajo!"
"How wonderful it is to see that vast body of water tumble down there!"
Entonces, en un instante, un pensamiento brillante brilló en mi cabeza
Then in an instant a bright thought flashed into my head
"¡Sería mucho más maravilloso ver el agua caer por la cascada!"
"It would be a great deal more wonderful to see the water tumble up the waterfall!"
Estaba a punto de morir de la risa cuando toda la naturaleza se desató
I was just about to die from laughing when all nature broke loose
y tuve que huir para salvar mi vida
and I had to flee for my life
—Ya lo ves —dijo ella triunfalmente—
"now you see" she said triumphantly
"La Serpiente mencionó esa misma broma"
"the Serpent mentioned that very jest"
"la llamó la Primera Castaña"
"he called it the First Chestnut"

"Y dijo que era coetáneo con la creación"
"and he said it was coeval with the creation"
¡Ay!, yo tengo la culpa
Alas, I am indeed to blame
Ojalá no fuera tan ingenioso
I wish that I were not so witty
¡Ojalá nunca hubiera tenido ese pensamiento radiante!
I wish that I had never had that radiant thought!

- El año que viene -
- Next Year -

Lo hemos llamado Caín
We have named it Cain
Lo atrapó mientras yo estaba en el campo atrapando en la costa norte del Erie
She caught it while I was up country trapping on the North Shore of the Erie
Lo atrapó en el bosque a un par de millas de nuestra trinchera
she caught it in the timber a couple of miles from our dug-out
o podrían haber sido cuatro millas
or it might have been four miles
No está segura de qué tan lejos estaba
she isn't certain how far it was
Se parece a nosotros en algunos aspectos
It resembles us in some ways
incluso puede ser una relación con nosotros
it may even be a relation to us
Eso es lo que ella piensa
That is what she thinks
Pero esto es un error, a mi juicio
but this is an error, in my judgement
La diferencia de tamaño sugiere que se trata de un nuevo tipo de animal
The difference in size suggests it is a new kind of animal

Es quizás un pez
it is perhaps a fish
aunque cuando lo puse en el agua se hundió
though when I put it in the water it sank
y ella se zambulló y lo sacó del agua
and she plunged in and snatched it out of the water
Por lo tanto, no hubo oportunidad para que el experimento determinara el asunto
so there was no opportunity for the experiment to determine the matter
Sigo pensando que es un pez
I still think it is a fish
pero a ella le es indiferente lo que es
but she is indifferent about what it is
y ella no me dejará tenerlo para intentarlo
and she will not let me have it to try
No lo entiendo
I do not understand this
La llegada de la criatura parece haber cambiado toda su naturaleza
The coming of the creature seems to have changed her whole nature
Le ha hecho irracional con respecto a los experimentos
it has made her unreasonable about experiments
Piensa más en ello que en cualquiera de los otros animales
She thinks more of it than she does of any of the other animals
Pero no es capaz de explicar por qué le gusta tanto
but she is not able to explain why she likes it so much
Su mente está desordenada
Her mind is disordered
Todo muestra lo desordenada que está su mente
everything shows how disordered her mind is
A veces lleva el pez en sus brazos la mitad de la noche
Sometimes she carries the fish in her arms half the night
Cuida del pez cuando se queja
she looks after the fish when it complains

Creo que se queja porque quiere llegar al agua
I think it complains because it wants to get to the water
En esos momentos, el agua sale de los lugares desde los que mira
At such times the water comes out of the places that she looks out of
y le da palmaditas en la espalda al pez y hace sonidos suaves con la boca
and she pats the fish on the back and makes soft sounds with her mouth
Traiciona el dolor y la solicitud de cien maneras
she betrays sorrow and solicitude in a hundred ways
Nunca la había visto hacer así con ningún otro pez
I have never seen her do like this with any other fish
y sus acciones hacia los peces me preocupan mucho
and her actions towards the fish trouble me greatly
Solía llevar a los tigres jóvenes como lo hace con los peces
She used to carry the young tigers around like she does with the fish
Y solía jugar con los tigres antes de que perdiéramos nuestra propiedad
and she used play with the tigers before we lost our property
Pero con los tigres solo jugaba con ellos
but with the tigers she was only playing with them
Nunca se preocupó por ellos cuando su cena no estaba de acuerdo con ellos
she never worried about them when their dinner disagreed with them

DOMINGO - SUNDAY
No trabaja los domingos
She doesn't work Sundays
pero ella yace por ahí, toda cansada
but she lies around all tired out
y le gusta que los peces se revuelquen sobre ella
and she likes to have the fish wallow over her

hace ruidos tontos para divertir a los peces
she makes foolish noises to amuse the fish
y ella finge morderse las patas
and she pretends to chew its paws
hace reír a los peces
the makes the fish laugh
No he visto un pez antes que pudiera reírse
I have not seen a fish before that could laugh
Esto me hace dudar de si realmente es un pez
This makes me doubt whether it really is a fish
A mí también me ha llegado a gustar el domingo
I have come to like Sunday myself
Supervisar toda la semana cansa un cuerpo para que
Superintending all the week tires a body so
Debería haber más domingos
There ought to be more Sundays
En los viejos tiempos, los domingos eran duros
In the old days Sundays were tough
pero ahora los domingos son muy útiles para tener
but now Sundays are very handy to have

MIÉRCOLES - WEDNESDAY
No es un pez
It isn't a fish
No puedo entender muy bien lo que es
I cannot quite make out what it is
Hace ruidos curiosos y diabólicos cuando no está satisfecho
It makes curious and devilish noises when not satisfied
y dice "goo-goo" cuando está satisfecho
and it says "goo-goo" when it is satisfied
No es uno de nosotros, porque no camina
It is not one of us, for it doesn't walk
No es un pájaro, porque no vuela
it is not a bird, for it doesn't fly
No es una rana, porque no salta
it is not a frog, for it doesn't hop

No es una serpiente, porque no se arrastra
it is not a snake, for it doesn't crawl
Estoy seguro de que no es un pez
I feel sure it is not a fish
pero no puedo tener la oportunidad de averiguar si puede nadar o no
but I cannot get a chance to find out whether it can swim or not
Simplemente se acuesta alrededor, principalmente boca arriba, con los pies en alto
It merely lies around, mostly on its back, with its feet up
No he visto a ningún otro animal hacer eso antes
I have not seen any other animal do that before
Le dije que creía que era un enigma
I said I believed it was an enigma
pero ella sólo admiraba la palabra sin entenderla
but she only admired the word without understanding it
A mi juicio, es un enigma o algún tipo de error
In my judgement it is either an enigma or some kind of a bug
Si muere, lo desmontaré y veré cuáles son sus arreglos
If it dies, I will take it apart and see what its arrangements are
Nunca tuve una cosa que me dejara tan perplejo
I never had a thing perplex me so much

- Tres meses después -
- Three Months Later -

solo se está volviendo más desconcertante, en lugar de menos
it is only getting more perplexing, instead of less
Duermo poco
I sleep but little
ha dejado de estar por ahí
it has ceased from lying around
ahora anda sobre sus cuatro patas
it goes about on its four legs now

Sin embargo, difiere de los otros animales de cuatro patas
Yet it differs from the other four-legged animals
Sus patas delanteras son inusualmente cortas
its front legs are unusually short
Esto hace que la parte principal de su cuerpo sobresalga incómodamente alta
this causes the main part of its body to stick up uncomfortably high
Y esto no es atractivo
and this is not attractive
Está construido de forma muy parecida a nosotros
It is built much as we are
pero su modo de viajar demuestra que no es de nuestra raza
but its method of travelling shows that it is not of our breed
Las patas delanteras cortas y las traseras largas indican que es de la familia de los canguros
The short front legs and long hind ones indicate that it is of the kangaroo family
pero es una variación marcada de la especie
but it is a marked variation of the species
El verdadero canguro salta, pero este nunca lo hace
the true kangaroo hops, but this one never does
Aún así, es una variedad curiosa e interesante
Still, it is a curious and interesting variety
y no ha sido catalogado antes
and it has not been catalogued before
Como lo descubrí, me siento justificado para asegurar el crédito del descubrimiento
As I discovered it, I feel justified in securing the credit of the discovery
y seré yo quien le ponga mi nombre
and I shall be the one to attach my name to it
así que lo he llamado Kangaroorum Adamiensis
so I have called it Kangaroorum Adamiensis

Debe haber sido joven cuando llegó
It must have been a young one when it came
porque ha crecido muchísimo desde que llegó
because it has grown exceedingly since it came
Debe ser cinco veces más grande, ahora, de lo que era entonces
It must be five times as big, now, as it was then
Cuando está descontento, puede hacer de veintidós a treinta y ocho veces el ruido que hizo al principio
when discontented it can make twenty-two to thirty-eight times the noise it made at first
La coerción no modifica esto
Coercion does not modify this
En todo caso, la coerción tiene el efecto contrario
if anything, coercion has the contrary effect
Por esta razón suspendí el sistema
For this reason I discontinued the system
Lo reconcilia por medio de la persuasión
She reconciles it by persuasion
y le da cosas que antes le había dicho que no le daría
and she gives it things which she had previously told it she wouldn't give it
Como ya he observado, no estaba en casa cuando llegó por primera vez
As already observed, I was not at home when it first came
y me dijo que lo había encontrado en el bosque
and she told me she found it in the woods
Parece extraño que sea el único
It seems odd that it should be the only one
sin embargo, debe ser el único
yet it must be the only one
Me he agotado tratando de encontrar otro
I have worn myself out trying to find another one
si tuviera otro en mi colección podría estudiarlo mejor
if I had another one in my collection I could study it better
Y entonces este tendría uno de su tipo con el que jugar

and then this one would have one of its kind to play with
Seguramente, entonces sería más tranquilo
surely, then it would be quieter
y entonces podríamos domesticarlo más fácilmente
and then we could tame it more easily
Pero no encuentro ninguno, ni vestigio de ninguno
But I find none, nor any vestige of any
y lo más extraño de todo es que no he encontrado huellas
and strangest of all, I have found no tracks
Tiene que vivir en el suelo
It has to live on the ground
no puede evitarlo
it cannot help itself
Por lo tanto, ¿cómo se mueve sin dejar huella?
therefore, how does it get about without leaving a track?
He tendido una docena de trampas
I have set a dozen traps
pero las trampas no sirven de nada
but the traps do no good
¡Atrapo todos los animales pequeños excepto ese
I catch all the small animals except that one
animales que simplemente caen en la trampa por curiosidad
animals that merely go into the trap out of curiosity
Creo que van a ver para qué sirve la leche
I think they go to see what the milk is there for
pero nunca beben esta leche
but they never drink this milk

- **Tres meses después** -
- Three Months Later –

El canguro sigue creciendo
The kangaroo still continues to grow
Este crecimiento continuo es muy extraño y desconcertante
this continual growth is very strange and perplexing
Nunca conocí a ningún animal que pasara tanto tiempo

creciendo
I never knew any animal to spend so much time growing
Ahora tiene pelaje en la cabeza, pero no como el de canguro
It has fur on its head now, but not like kangaroo fur
Es exactamente igual que nuestro cabello, pero más fino y suave
it's exactly like our hair, but finer and softer
y en vez de ser negro su pelaje es rojo
and instead of being black its fur is red
Estoy como si perdiera la cabeza por este monstruo zoológico
I am like to lose my mind over this zoological freak
Los desarrollos caprichosos y acosadores son inclasificables
the capricious and harassing developments are unclassifiable
Si tan solo pudiera atrapar otro
If only I could catch another one
pero es inútil tratar de encontrar otro
but it is hopeless trying to find another
Tengo que aceptar que es una variedad nueva
I have to accept that it is a new variety
Es la única muestra, esto está a la vista
it is the only sample, this is plain to see
Pero atrapé un verdadero canguro y lo traje
But I caught a true kangaroo and brought it in
Pensé que este podría ser solitario
I thought that this one might be lonesome
Por lo tanto, es posible que prefiera tener un canguro como compañía
so it might prefer to have a kangaroo for company
de lo contrario, no tendría ningún parentesco
otherwise it would have no kin at all
y no tendría ningún animal con el que pudiera sentir una cercanía
and it would have no animal that it could feel a nearness to
De esta manera podría obtener simpatía por su condición desolada entre los extraños

this way it might get sympathy for its forlorn condition among strangers
extraños que no conocen sus costumbres o hábitos
strangers who do not know its ways or habits
desconocidos que no saben cómo hacer sentir que está entre amigos
strangers who do not know how to make it feel that it is among friends
Pero fue un error
but it was a mistake
Le dio un ataque terrible al ver al canguro
it went into terrible fits at the sight of the kangaroo
Estoy convencido de que nunca antes había visto un canguro
I am convinced it had never seen a kangaroo before
Me compadezco del pobre animalito ruidoso
I pity the poor noisy little animal
pero no hay nada que pueda hacer para hacerlo feliz
but there is nothing I can do to make it happy
Me gustaría domesticarlo, pero eso está fuera de discusión
I would like to tame it, but that is out of the question
cuanto más lo intento, peor parece que lo hago
the more I try, the worse I seem to make it
Me duele hasta el corazón verlo en sus pequeñas tormentas de dolor y pasión
It grieves me to the heart to see it in its little storms of sorrow and passion
Quería dejarlo ir, pero ella no quería oír hablar de ello
I wanted to let it go, but she wouldn't hear of it
Eso parecía cruel y no propio de ella
That seemed cruel and not like her
Y, sin embargo, puede que tenga razón
and yet she may be right
Puede que esté más solo que nunca
It might be lonelier than ever
si no puedo encontrar otro, ¿cómo no iba a estar solo?
if I cannot find another one, how could it not be lonely?

- Cinco meses después -
- Five Months Later -

No es un canguro
It is not a kangaroo
Sosteniendo sus dedos, da unos pasos sobre sus patas traseras
holding her fingers it goes a few steps on its hind legs
y luego vuelve a caer
and then it falls down again
Así que probablemente sea algún tipo de oso
so it is probably some kind of a bear
Y, sin embargo, todavía no tiene cola
and yet it has no tail, as yet
y no tiene pelo, excepto en la cabeza
and it has no fur, except on its head
Todavía sigue creciendo, lo cual es muy interesante
It still keeps on growing, which is very interesting
Los bajistas obtienen su crecimiento antes de esto
bears get their growth earlier than this
Los osos son peligrosos desde nuestra catástrofe
Bears are dangerous since our catastrophe
Pronto tendrá que tener un bozal puesto
soon it will have to have a muzzle on
de lo contrario, no me sentiré seguro a su alrededor
otherwise I won't feel safe around it
Me he ofrecido a conseguirle un canguro si lo deja ir
I have offered to get her a kangaroo if she would let this one go
pero ella no apreció mi oferta
but she did not appreciate my offer
Está decidida a llevarnos a toda clase de riesgos tontos
she is determined to run us into all sorts of foolish risks
Ella no era así antes de perder la cabeza
she was not like this before she lost her mind

- Quince días después -
- A Fortnight Later -

Examiné su boca
I examined its mouth
Todavía no hay peligro; Tiene un solo diente
There is no danger yet; it has only one tooth
Todavía no tiene cola
It has no tail yet
Ahora hace más ruido que nunca
It makes more noise now than it ever did before
y hace el ruido principalmente por la noche
and it makes the noise mainly at night
Me he mudado
I have moved out
Pero iré por las mañanas a desayunar
But I shall go over in the mornings to breakfast
luego veré si tiene más dientes
then I will see if it has more teeth
Si se le llenan los dientes, será hora de que se vaya
If it gets a mouthful of teeth, it will be time for it to go
No haré una excepción si no tiene cola
I won't make an exception if it has no tail
Los osos no necesitan colas para ser peligrosos
bears do not need tails in order to be dangerous
Cuatro meses después
Four Months Later
Llevo un mes fuera de caza y pesca
I have been off hunting and fishing a month
en la región que ella llama Buffalo
up in the region that she calls Buffalo
No sé por qué lo ha llamado Buffalo
I don't know why she has called it Buffalo
Podría ser porque no hay búfalos allí
it could be because there are not any buffaloes there
El oso ha aprendido a remar por sí mismo

the bear has learned to paddle around all by itself
Puede caminar sobre sus patas traseras
it can walk on its hind legs
y nos dice "papi" y "mamá"
and it says "daddy" and "mummy" to us
Es, sin duda, una especie nueva
It is certainly a new species
Esta semejanza con las palabras puede ser puramente accidental, por supuesto
This resemblance to words may be purely accidental, of course
Puede ser que sus palabras no tengan propósito o significado
it may be that its words have no purpose or meaning
Pero incluso en ese caso seguiría siendo extraordinario
but even in that case it would still be extraordinary
Usar palabras es algo que ningún otro oso puede hacer
using words is something which no other bear can do
Esta imitación del habla indica suficientemente que se trata de un nuevo tipo de oso
This imitation of speech sufficiently indicates that this is a new kind of bear
A esto hay que añadir la ausencia general de pieles
add to that the general absence of fur
y considere la ausencia total de una cola
and consider the entire absence of a tail
Un estudio más profundo de la misma será sumamente interesante
further study of it will be exceedingly interesting
Mientras tanto, partiré en una expedición lejana entre los bosques del Norte
Meantime I will go off on a far expedition among the forests of the North
allí haré una búsqueda más exhaustiva
there I will make a more exhaustive search
Ciertamente debe haber otro en alguna parte
There must certainly be another one somewhere

Este será menos peligroso cuando tenga compañía de su propia especie
this one will be less dangerous when it has company of its own species
Iré enseguida
I will go straightway
pero primero amordazaré a este
but I will muzzle this one first

- Tres meses después -
- Three Months Later –

Ha sido una cacería agotadora, agotadora
It has been a weary, weary hunt
sin embargo, no he tenido éxito
yet I have had no success
mientras yo no estaba, ¡ella atrapó otro!
while I was gone she caught another one!
Y ni siquiera salió de la finca
and she didn't even leave the estate
Nunca vi tanta suerte
I never saw such luck
Podría haber cazado estos bosques cien años sin encontrar uno
I might have hunted these woods a hundred years without finding one
Al día siguiente
Next Day
He estado comparando el nuevo con el anterior
I have been comparing the new one with the old one
Está perfectamente claro que son de la misma raza
it is perfectly plain that they are the same breed
Iba a rellenar uno de ellos para mi colección
I was going to stuff one of them for my collection
pero ella tiene prejuicios contra ella por alguna razón
but she is prejudiced against it for some reason

así que he renunciado a la idea
so I have relinquished the idea
pero creo que es un error
but I think it is a mistake
Sería una pérdida irreparable para la ciencia si se escaparan
It would be an irreparable loss to science if they should get away
El viejo es más dócil de lo que era
The old one is tamer than it was
ahora puede reír y hablar como el loro
now it can laugh and talk like the parrot
No me cabe duda de que lo ha aprendido del loro
I have no doubt that it has learned this from the parrot
Calculo que tiene una gran cantidad de facultad imitativa
I calculate it has a great amount of the imitative faculty
Me sorprendería si resulta ser un nuevo tipo de loro
I shall be astonished if it turns out to be a new kind of parrot
y, sin embargo, no debo asombrarme
and yet I ought not to be astonished
porque ya ha sido todo lo demás que se le ocurrió
because it has already been everything else it could think of
El nuevo es tan feo ahora como lo era el anterior al principio
The new one is as ugly now as the old one was at first
Tiene la misma tez sulfurosa
it has the same sulphur complexion
y tiene la misma cabeza singular sin ningún pelaje
and it has the same singular head without any fur on it
Ella llama al nuevo Abel
She calls the new one Abel

- Diez años después -
- Ten Years Later –

Son chicos; Lo descubrimos hace mucho tiempo
They are boys; we found it out long ago
Era su llegada en esa forma pequeña e inmadura lo que nos desconcertaba
It was their coming in that small, immature shape that puzzled us
No estábamos acostumbrados a que los animales fueran tan pequeños durante tanto tiempo
we were not used to animals being so small for so long
Ahora hay algunas chicas
There are some girls now
Abel es un buen chico
Abel is a good boy
pero si Caín hubiera seguido siendo un oso, lo habría mejorado
but if Cain had stayed a bear it would have improved him

Después de todos estos años me doy cuenta de que había cometido un error
After all these years I realize I had made a mistake
Veo que al principio me equivoqué con respecto a Eva
I see that I was initially mistaken about Eve
es mejor vivir fuera del Jardín con ella que dentro de él sin ella
it is better to live outside the Garden with her than inside it without her
Al principio pensé que hablaba demasiado
At first I thought she talked too much
pero ahora lamentaría que esa voz se callara
but now I should be sorry to have that voice fall silent

No me gustaría que esa voz desapareciera de mi vida
I wouldn't want that voice to pass out of my life
Bendita sea la castaña que nos ha reunido
Blessed be the chestnut that brought us together
Esta castaña me ha enseñado a conocer la bondad de su corazón
this chestnut has taught me to know the goodness of her heart
¡Esta castaña me ha enseñado la dulzura de su espíritu!
this chestnut has taught me the sweetness of her spirit!

- Diario de Eva -
- Eve's Diary -

Traducido del original, por Mark Twain
Translated from the Original, by Mark Twain

SÁBADO - SATURDAY
Ahora tengo casi un día entero
I am almost a whole day old, now
Llegué ayer
I arrived yesterday
Eso es lo que me parece
That is as it seems to me
Y debe ser así
And it must be so

tal vez hubo un ante-ayer
perhaps there was a day-before-yesterday
pero yo no estaba allí cuando sucedió
but I was not there when it happened
si hubiera estado allí lo recordaría
if I had been there I would remember it
Podría ser, por supuesto, que sucediera
It could be, of course, that it did happen
y podría ser que no me estuviera dando cuenta
and it could be that I was not noticing
Muy bien; Estaré muy atento ahora
Very well; I will be very watchful now
si pasa un anteayer, haré una nota
if a day-before-yesterday happen I will make a note
Lo mejor será empezar bien
It will be best to start right
Y es mejor no dejar que el registro se confunda
and it's best not to let the record get confused
Creo que estos detalles van a ser importantes
I feel these details are going to be important
Mis instintos me lo dicen
my instincts are telling me this
Algún día podrían ser importantes para los historiadores
they might be important to historians some day
Porque me siento como un experimento
For I feel like an experiment
Me siento exactamente como un experimento
I feel exactly like an experiment
una persona no puede sentirse más experimentada que yo
a person can't feel more like an experiment than I do
Sería imposible sentirse más como un experimento
it would be impossible to feel more like an experiment
y así estoy llegando a sentirme convencido de que eso es lo que soy
and so I am coming to feel convinced that is what I am
Soy un experimento

I am an experiment
solo un experimento y nada más
just an experiment and nothing more

Entonces, si soy un experimento, ¿soy la totalidad?
Then, if I am an experiment, am I the whole of it?
No, creo que no soy todo el experimento
No, I think I am not the whole experiment
Creo que el resto también es parte del experimento
I think the rest of it is part of the experiment too
Yo soy la parte principal del experimento
I am the main part of the experiment
pero creo que el resto tiene su parte en el asunto
but I think the rest of it has its share in the matter

¿Está asegurada mi posición en el experimento?
Is my position in the experiment assured?
¿O tengo que vigilar mi posición y cuidarla?
or do I have to watch my position and take care of it?
Creo que es lo segundo, tal vez
I think it is the latter, perhaps
Algún instinto me dice que guarde mi papel
Some instinct tells me guard my role
La vigilancia eterna es el precio de la supremacía
eternal vigilance is the price of supremacy
Creo que es una buena frase
That is a good phrase, I think
Es especialmente bueno para alguien tan joven
it is especially good for someone so young

Todo se ve mejor hoy que ayer
Everything looks better today than it did yesterday
Había habido una gran prisa por terminar las montañas
there had been a great rush of finishing up the mountains
De modo que las cosas habían quedado en un estado irregular
so things had been left in a ragged condition
y las llanuras abiertas estaban tan abarrotadas que
and the open plains were so cluttered that
Todos los aspectos y proporciones eran bastante angustiosos
all the aspects and proportions were quite distressing
porque todavía tenían basura y restos
because they still had rubbish and remnants
Las obras de arte nobles y bellas no deben apresurarse
Noble and beautiful works of art should not be rushed
Y este majestuoso nuevo mundo es, en efecto, una obra de arte
and this majestic new world is indeed a work of art
Puedo decir que ha sido hecho para ser noble y hermoso
I can tell it has been made to be noble and beautiful
y ciertamente está maravillosamente cerca de ser perfecto
and it is certainly marvellously near to being perfect
a pesar de la brevedad del tiempo
notwithstanding the shortness of the time
Hay demasiadas estrellas en algunos lugares
There are too many stars in some places
y no hay suficientes estrellas en otros lugares
and there are not enough stars in other places
Pero eso se puede remediar muy pronto, sin duda
but that can be remedied soon enough, no doubt
La luna se soltó anoche y se deslizó hacia abajo
The moon got loose last night and slid down
se salió del esquema
it fell out of the scheme
Esta fue una pérdida muy grande
this was a very great loss

Me rompe el corazón pensar en ello
it breaks my heart to think of it
Entre los adornos y decoraciones es único
among the ornaments and decorations it is unique
Nada es comparable a ella en cuanto a belleza y acabado
nothing is comparable to it for beauty and finish
Debería haberse mantenido mejor
It should have been held in place better
Ojalá pudiéramos recuperarlo de nuevo
I wish we could get it back again

Pero no se sabe a dónde fue a parar
But there is no telling where it went to

Y además, quien lo consiga lo esconderá
And besides, whoever gets it will hide it
Lo sé porque lo haría yo mismo
I know it because I would do it myself
Creo que puedo ser honesto en todos los demás asuntos
I believe I can be honest in all other matters
pero ya empiezo a darme cuenta de algo;
but I already begin to realize something;
El núcleo de mi naturaleza es el amor por lo bello
the core of my nature is love of the beautiful
Tengo pasión por lo bello
I have a passion for the beautiful
Así que no sería seguro confiarme una luna
so it would not be safe to trust me with a moon
Podría renunciar a una luna que encontré durante el día
I could give up a moon that I found in the daytime
porque tendría miedo de que alguien estuviera mirando
because I would be afraid someone was looking
pero si encontrara una luna en la oscuridad la guardaría
but if I found a moon in the dark I would keep it
Estoy seguro de que podría encontrar algún tipo de excusa
I am sure I could find some kind of an excuse
Encontraría la manera de no decir nada al respecto
I would find a way to not say anything about it
porque me encantan las lunas
because I do love moons
Son tan bonitas y tan románticas
they are so pretty and so romantic
Ojalá tuviéramos cinco o seis de ellos
I wish we had five or six of them
Nunca me iría a la cama
I would never go to bed
Nunca me cansaría tumbado en el banco de musgo
I would never get tired lying on the moss-bank
y siempre los miraba
and I would always be looking up at them

Las estrellas también son buenas
Stars are good, too
Ojalá pudiera conseguir un poco para ponerme en el pelo
I wish I could get some to put in my hair
Pero supongo que nunca podré hacer eso
But I suppose I can never do that
Es sorprendente lo lejos que están
it's surprising how far away they are
porque no parecen estar lejos
because they do not look like they're far away
Se mostraron por primera vez anoche
they first showed themselves last night
Traté de derribar algunos con un palo

I tried to knock some down with a pole
pero no llegó, lo que me asombró;
but it didn't reach, which astonished me;
luego intenté tirarles terrones
then I tried throwing clods at them
Intenté esto hasta que me cansé
I tried this till I was all tired out
pero nunca logré conseguir uno
but I never managed to get one
Debe ser porque soy zurdo
It must be because I am left-handed
por eso no puedo tirar bien
because of this I cannot throw good
aunque hice algunos primeros planos
though I did make some close shots
Vi la mancha negra del terrón
I saw the black blot of the clod
navegó justo en medio de los cúmulos dorados
it sailed right into the midst of the golden clusters
Debo haberlo intentado cuarenta o cincuenta veces
I must have tried forty or fifty times
y apenas los eché de menos
and I just barely missed them
tal vez debería haber aguantado un poco más
perhaps I should have held out a little longer
y entonces podría haber conseguido uno
and then I might have got one

Así que lloré un poco, lo cual era natural
So I cried a little, which was natural
Supongo que es natural para alguien de mi edad
I suppose it is natural for one of my age
y después de que descansé conseguí una canasta
and after I was rested I got a basket
Fui a una colina en el borde extremo del círculo
I went to a hill on the extreme rim of the circle
Allí las estrellas deberían estar más cerca de la tierra
there the stars should be closer to the ground
tal vez si estuviera allí podría conseguirlos
perhaps if I was there I could get them
entonces podría cogerlos con mis manos

then I could get them with my hands
Esto sería mejor de todos modos
this would be better anyway
porque entonces podría recogerlos tiernamente
because then I could gather them tenderly
y no los rompería
and I would not break them
Pero estaba más lejos de lo que pensaba
But it was farther than I thought
y al final tuve que renunciar a ella
and at last I had to give it up
Estaba tan cansada de tanto intentarlo
I was so tired from all my trying
No podía arrastrar los pies ni un paso más
I couldn't drag my feet another step
Y además, me dolían los pies
and besides, my feet were sore
y me duelen mucho los pies
and my feet hurt me very much
No pude volver a casa
I couldn't get back home
Era tarde y hacía frío
it was late, and turning cold
pero encontré algunos tigres
but I found some tigers
y me acurruqué entre ellos
and I nestled in among them
Y era de lo más adorablemente cómodo
and it was most adorably comfortable
y su aliento era dulce y agradable
and their breath was sweet and pleasant
porque viven de una dieta de fresas
because they live on a diet of strawberries
Nunca antes había visto un tigre
I had never seen a tiger before
pero lo supe de inmediato por sus rayas

but I knew straight away by their stripes
Si tan solo pudiera tener una de esas pieles
If only I could have one of those skins
Sería un vestido precioso
it would make a lovely gown

Hoy tengo mejores ideas sobre las distancias
Today I am getting better ideas about distances
Estaba tan ansiosa por apoderarme de todas las cosas bonitas
I was so eager to get hold of every pretty thing
Estaba tan ansioso que lo agarré vertiginosamente
I was so eager that I giddily grabbed for it
a veces lo agarraba cuando estaba demasiado lejos

sometimes I grabbed for it when it was too far away
y lo agarré cuando estaba a solo seis pulgadas de distancia
and I grabbed for it when it was but six inches away
¡Incluso lo agarré cuando estaba entre espinas!
I even grabbed for it when it was between thorns!
Aprendí una lección e hice un axioma
I learned a lesson and I made an axiom
Lo hice todo de mi propia cabeza
I made it all out of my own head
Es el primero
it is my very first one
EL EXPERIMENTO RAYADO REHÚYE LA ESPINA
THE SCRATCHED EXPERIMENT SHUNS THE THORN
Creo que es un axioma muy bueno para alguien tan joven
I think it is a very good axiom for one so young

***

La tarde pasada seguí el otro experimento
last afternoon I followed the other experiment around
Mantuve una distancia, para ver para qué podía ser
I kept a distance, to see what it might be for
Pero no pude establecer su uso
But I was not able to establish its use
Creo que es un hombre
I think it is a man
Nunca había visto a un hombre
I had never seen a man
pero parecía un hombre
but it looked like a man
y estoy seguro de que eso es lo que es
and I feel sure that that is what it is
Me di cuenta de algo extraño acerca de este hombre
I realized something strange about this man
Siento más curiosidad por él que por los otros reptiles
I feel more curiosity about it than the other reptiles
Supongo que es un reptil
I'm assuming it is a reptile
porque tiene el pelo alborotado y los ojos azules
because it has frowzy hair and blue eyes
y parece un reptil
and it looks like a reptile
No tiene caderas y se estrecha como una zanahoria cuando está de pie
It has no hips and tapers like a carrot when it stands
se despliega como una torre de perforación
it spreads itself apart like a derrick
así que creo que es un reptil
so I think it is a reptile
aunque pueda ser arquitectura
although it may be architecture

Al principio le tenía miedo
I was afraid of it at first
y empecé a correr cada vez que se daba la vuelta
and I started to run every time it turned around
porque pensé que me iba a perseguir
because I thought it was going to chase me
pero poco a poco me di cuenta de que solo estaba tratando de escapar
but by and by I found it was only trying to get away
así que después de eso ya no fui tímido
so after that I was not timid any more
pero seguí el rastro detrás de él unos veinte metros
but I tracked behind it by about twenty yards

Lo seguí durante varias horas
I tracked it for several hours
Esto lo puso nervioso e infeliz
this made it nervous and unhappy
Al fin se preocupó mucho y se subió a un árbol
At last it was a good deal worried, and climbed a tree
Esperé un buen rato
I waited a good while
luego lo dejó y se fue a casa
then gave it up and went home

DOMINGO - SUNDAY
Hoy ha ocurrido lo mismo
Today the same thing happened
Lo subí al árbol otra vez
I got it up the tree again
Todavía está ahí arriba
It is still up there
y está descansando, al parecer
and it is resting, apparently
Pero eso es un subterfugio
But that is a subterfuge
El domingo no es el día de descanso
Sunday isn't the day of rest
El sábado está señalado para eso
Saturday is appointed for that
Me parece una criatura extraña
It looks to me like a strange creature
Está más interesado en descansar que en cualquier otra cosa
it is more interested in resting than in anything else
Me cansaría descansar tanto
It would tire me to rest so much
Me cansa solo sentarme y mirar el árbol
It tires me just to sit around and watch the tree
Me pregunto para qué sirve
I do wonder what it is for
Nunca lo veo hacer nada
I never see it do anything

Regresaron a la luna anoche
They returned the moon last night
y estaba TAN feliz!
and I was SO happy!
Creo que es muy honesto de su parte
I think it is very honest of them
Se deslizó hacia abajo y volvió a caer
It slid down and fell off again
pero no estaba angustiado
but I was not distressed
No hay necesidad de preocuparse
there is no need to worry
Cuando uno tiene vecinos tan amables, ellos lo recuperarán

when one has such kind neighbours, they will fetch it back
Ojalá pudiera hacer algo para mostrar mi agradecimiento
I wish I could do something to show my appreciation
Me gustaría enviarles algunas estrellas
I would like to send them some stars
porque tenemos más de lo que podemos usar
because we have more than we can use
Lo que quiero decir es que yo, no nosotros
I do mean to say I, not we
Puedo ver que al reptil no le importan esas cosas
I can see that the reptile cares nothing for such things
Tiene gustos bajos y no es amable
It has low tastes and it is not kind
Fui allí ayer por la tarde
I went there yesterday evening
por la noche se había deslizado hacia abajo
in the evening it had crept down
y estaba tratando de atrapar los pececillos moteados
and it was trying to catch the little speckled fishes
los pececillos que juegan en la piscina
the little fishes that play in the pool
y tuve que ponerlo en un terrón
and I had to clod it
para que vuelva a subir al árbol
in order to make it go up the tree again
y luego los dejó solos
and then it left them alone
Me pregunto si para eso sirve.
I wonder if that is what it is for?
¿No tiene corazón?
Hasn't it any heart?
¿No tiene compasión por la pequeña criatura?
Hasn't it any compassion for the little creature?
¿Fue diseñado y fabricado para un trabajo tan poco amable?
was it designed and manufactured for such ungentle work?
Tiene el aspecto de estar hecho para cosas tontas

It has the look of being made for silly things
Uno de los terrones le golpeó la parte posterior de la oreja
One of the clods hit the back of its ear
y usaba el lenguaje, lo que me emocionó
and it used language, which gave me a thrill
porque era la primera vez que oía hablar
for it was the first time I had ever heard speech
fue el primer discurso que escuché excepto el mío
it was the first speech I heard except my own
No entendí las palabras
I did not understand the words
pero las palabras parecían expresivas
but the words seemed expressive

Cuando descubrí que podía hablar, sentí un nuevo interés en él
When I found it could talk I felt a new interest in it
porque me encanta hablar más que nada
because I love to talk more than anything
Me gusta hablar todo el día
I like to talk all day
y en mi sueño hablo también
and in my sleep I talk too
y soy muy interesante
and I am very interesting
pero si tuviera otro con quien hablar podría ser el doble de interesante
but if I had another to talk to I could be twice as interesting
y nunca dejaría de hablar
and I would never stop talking

Si este reptil es un hombre, no es un eso, ¿verdad?
If this reptile is a man, it isn't an it, is it?
Eso no sería gramatical, ¿verdad?
That wouldn't be grammatical, would it?
Creo que sería él
I think it would be he
En ese caso, uno lo analizaría así:
In that case one would parse it thus:
nominativo; él
nominative; he
dativo; él
dative; him
posesivo; suyos
possessive; his
Bueno, lo consideraré un hombre
Well, I will consider it a man
y lo llamaré él hasta que resulte ser otra cosa
and I will call it he until it turns out to be something else
Esto será más útil que tener tantas incertidumbres
This will be handier than having so many uncertainties

DOMINGO DE LA PRÓXIMA SEMANA
NEXT WEEK SUNDAY

Toda la semana estuve detrás de él
All the week I tagged around after him
y traté de conocerlo
and I tried to get acquainted with him
Tuve que hablar porque él era tímido
I had to do the talking because he was shy
pero no me importaba hablar
but I didn't mind talking
Parecía contento de tenerme cerca
He seemed pleased to have me around
y usé mucho el sociable 'nosotros'
and I used the sociable 'we' a good deal
porque parecía halagarlo que lo incluyeran
because it seemed to flatter him to be included

MIÉRCOLES - WEDNESDAY

Ahora nos llevamos muy bien
We are getting along very well now
y nos estamos conociendo cada vez mejor
and we're getting better and better acquainted
Ya no trata de evitarme, lo cual es una buena señal
He does not try to avoid me any more, which is a good sign
y se nota que le gusta tenerme con él, lo cual me agrada
and it shows that he likes to have me with him, which pleases me
y estudio para serle útil
and I study to be useful to him
Quiero ser útil en todo lo que pueda
I want to be useful in every way I can
para aumentar su consideración hacia mí
so as to increase his regard of me

Durante el último día o dos
During the last day or two
Le he quitado de las manos todo el trabajo de ponerle nombre a las cosas
I have taken all the work of naming things off his hands
Y esto ha sido un gran alivio para él
and this has been a great relief to him
porque no tiene ningún don en esa línea de trabajo
for he has no gift in that line of work
Y evidentemente está muy agradecido
and he is evidently very grateful
No se le ocurre un nombre racional para salvarse
He can't think of a rational name to save himself
pero no le hago ver que me doy cuenta de su defecto
but I do not let him see that I am aware of his defect
Cada vez que aparece una nueva criatura, la nombro
Whenever a new creature comes along I name it
antes de que tenga tiempo de exponerse con un silencio incómodo
before he has time to expose himself by an awkward silence
De esta manera le he ahorrado muchas vergüenzas
In this way I have saved him many embarrassments
No tengo ningún defecto como este
I have no defect like this
En el momento en que pongo los ojos en un animal, sé lo que es
The minute I set eyes on an animal I know what it is
No tengo que reflexionar ni por un momento
I don't have to reflect even for a moment
El nombre correcto sale al instante
the right name comes out instantly
como si de una inspiración se tratara
just as if it were an inspiration
No tengo ninguna duda de que lo es
I have no doubt it is
porque estoy seguro de que no estaba en mí medio minuto

antes
because I am sure it wasn't in me half a minute before
Me parece que lo sé solo por la forma de la criatura
I seem to know just by the shape of the creature
y sé por la forma en que actúa qué animal es
and I know the way it acts what animal it is

Cuando llegó el dodo, pensó que era un gato montés
When the dodo came along he thought it was a wildcat
Lo vi en sus ojos
I saw it in his eyes
Pero lo salvé de la vergüenza
But I saved him from embarrassment

Tuve cuidado de no hacerlo de una manera que pudiera herir su orgullo
I was careful not to do it in a way that could hurt his pride
Me limité a hablar como si estuviera gratamente sorprendido
I just spoke up as if pleasantly surprised
No hablé como si soñara con transmitir información
I didn't speak as if I was dreaming of conveying information
"¡Bueno, declaro, si no está el dodo!"
"Well, I do declare, if there isn't the dodo!"
Le expliqué sin que pareciera que estaba explicando
I explained without seeming to be explaining
Le expliqué cómo sabía que era un dodo
I explained how I knew it was a dodo
Pensé que tal vez estaba un poco molesto
I thought maybe he was a little piqued
Conocía a la criatura cuando él no la conocía
I knew the creature when he didn't
pero era evidente que me admiraba
but it was quite evident that he admired me
Eso fue muy agradable
That was very agreeable
y más de una vez pensé en ello con satisfacción antes de dormir
and I thought of it more than once with gratification before I slept
¡Qué poco puede hacernos felices
How little a thing can make us happy
¡Somos felices cuando sentimos que nos lo hemos ganado!
we're happy when we feel that we have earned it!

JUEVES - THURSDAY
mi primer dolor
my first sorrow
Ayer me evitó
Yesterday he avoided me
y parecía desear que no le hablara
and he seemed to wish I would not talk to him
No lo podía creer
I could not believe it
y pensé que había algún error
and I thought there was some mistake
porque me encantaba estar con él
because I loved to be with him
y me encantaba oírle hablar

and loved to hear him talk
Y entonces, ¿cómo podía ser que pudiera sentirse cruel conmigo?
and so how could it be that he could feel unkind toward me?
No había hecho nada malo
I had not done anything wrong
Pero parecía cierto, así que me fui
But it seemed true, so I went away
y me senté solo en el lugar donde lo vi por primera vez
and I sat lonely in the place where I first saw him
en la mañana en que nos hicieron
on the morning that we were made
cuando no sabía lo que era
when I did not know what he was
cuando todavía le era indiferente
when I was still indifferent about him
pero ahora era un lugar lúgubre
but now it was a mournful place
y cada pequeña cosa hablaba de él
and every little thing spoke of him
y me dolía mucho el corazón
and my heart was very sore
Realmente no sabía por qué me sentía así
I did not really know why I was feeling like this
porque era una sensación nueva
because it was a new feeling
No lo había experimentado antes
I had not experienced it before
Y todo era un misterio para mí
and it was all a mystery to me
y no podía encontrarle sentido
and I could not make sense of it

Pero cuando llegó la noche no pude soportar la soledad
But when night came I could not bear the lonesomeness
Fui al nuevo refugio que había construido
I went to the new shelter which he had built
Fui a preguntarle qué había hecho mal
I went to ask him what I had done that was wrong
y quería saber cómo podía arreglarlo

and I wanted to know how I could mend it
Quería recuperar su amabilidad otra vez
I wanted to get back his kindness again
pero me sacó a la lluvia
but he put me out in the rain
y fue mi primera pena
and it was my first sorrow

DOMINGO - SUNDAY
Vuelve a ser agradable y ahora soy feliz
It is pleasant again and now I am happy
Pero fueron días pesados
but those were heavy days
No pienso en esos días en los que pueda evitarlo
I do not think of those days when I can help it

Traté de conseguirle algunas de esas manzanas
I tried to get him some of those apples
pero no puedo aprender a tirar recto
but I cannot learn to throw straight
Fracasé, pero creo que la buena intención le agradó
I failed, but I think the good intention pleased him
Están prohibidos
They are forbidden
y dice que me haría daño si me comiera uno
and he says I would come to harm if I ate one
pero entonces vendría a hacerle daño por complacerlo
but then I would come to harm through pleasing him
¿Por qué debería preocuparme por ese daño?
why should I care for that harm?

LUNES - MONDAY
Esta mañana le dije mi nombre
This morning I told him my name
Esperaba que le interesara
I hoped it would interest him
Pero a él no le importaba, lo cual es extraño
But he did not care for it, which is strange
Si me dijera su nombre, me importaría
If he should tell me his name I would care
Creo que sería más agradable para mis oídos que cualquier otro sonido
I think it would be pleasanter in my ears than any other sound

Habla muy poco
He talks very little
Tal vez sea porque no es brillante
Perhaps it is because he is not bright
Y tal vez es sensible a su intelecto
and maybe he is sensitive about his intellect
Podría ser que desee ocultarlo
it could be that he wishes to conceal it
Es una lástima que se sienta así
It is such a pity that he should feel this way
porque la inteligencia no es nada
because intelligence is nothing
Es en el corazón donde residen los valores

it is in the heart that the values lie
Ojalá pudiera hacerle entender
I wish I could make him understand
Un corazón amoroso y bueno son riquezas
a loving good heart is riches
El intelecto sin un buen corazón es pobreza
intellect without a good heart is poverty
Aunque habla tan poco, tiene un vocabulario bastante considerable
Although he talks so little, he has quite a considerable vocabulary
Esta mañana ha usado una palabra sorprendentemente buena
This morning he used a surprisingly good word
Evidentemente reconoció que era una buena
He evidently recognized that it was a good one
porque se aseguró de usar la palabra un par de veces más
because he made sure to use the word a couple more times
Demostró que posee una cierta cualidad de percepción
it showed that he possesses a certain quality of perception
Sin duda que se puede hacer crecer la semilla, si se cultiva
Without a doubt that seed can be made to grow, if cultivated
¿De dónde sacó esa palabra?
Where did he get that word?
Creo que nunca he usado esa palabra
I do not think I have ever used that word
No, no se interesó por mi nombre
No, he took no interest in my name
Traté de ocultar mi decepción
I tried to hide my disappointment
pero supongo que no lo logré
but I suppose I did not succeed
Me fui y me senté en el banco de musgo

I went away and sat on the moss-bank
y meto mis pies en el agua
and I put my feet into the water
Es a donde voy cuando tengo hambre de compañía
It is where I go when I hunger for companionship
cuando quiero que alguien mire
when I want someone to look at
cuando quiero hablar con alguien
when I want someone to talk to
El hermoso cuerpo blanco pintado en la piscina no es suficiente
the lovely white body painted in the pool is not enough
pero es algo, al menos

but it is something, at least
y algo es mejor que la soledad absoluta
and something is better than utter loneliness
Habla cuando yo hablo
It talks when I talk
es triste cuando estoy triste
it is sad when I am sad
me consuela con su simpatía
it comforts me with its sympathy
dice: "No te desanimes, pobre muchacha sin amigos"
it says, "Do not be downhearted, you poor friendless girl"
"Seré tu amigo"
"I will be your friend"
Es un buen amigo para mí
It is a good friend to me
Es mi única amiga y mi hermana
it is my only friend and my sister

¡Nunca olvidaré la primera vez que me abandonó!
I shall never forget first time she forsook me!
¡Mi corazón estaba pesado en mi cuerpo!

My heart was heavy in my body!
Le dije: "Ella era todo lo que tenía"
I said, "She was all I had"
"¡Y ahora se ha ido!"
"and now she is gone!"
En mi desesperación dije "Rompe, mi corazón"
In my despair I said "Break, my heart"
"¡No puedo soportar más mi vida!"
"I cannot bear my life any more!"
y escondí mi rostro entre mis manos
and I hid my face in my hands
y no había consuelo para mí
and there was no solace for me
Y cuando aparté mis manos de mi cara
And when I took my hands away from my face
Y al cabo de un rato, allí estaba de nuevo
and after a little, there she was again
blanco y brillante y hermoso
white and shining and beautiful
y salté a sus brazos
and I sprang into her arms

Esa era la felicidad perfecta
That was perfect happiness
Había conocido la felicidad antes, pero no era así
I had known happiness before, but it was not like this
Esta felicidad era éxtasis
this happiness was ecstasy
Nunca dudé de ella después
I never doubted her afterwards
A veces se ausentaba durante una hora
Sometimes she stayed away for perhaps an hour
Tal vez estuvo fuera casi todo el día
maybe she was gone almost the whole day
pero esperé y no dudé de su regreso
but I waited and I did not doubt her return
Le dije: "Está ocupada" o "se ha ido de viaje"
I said, "She is busy" or "she is gone on a journey"
pero sé que volverá, y siempre lo hizo
but I know she will come back, and she always did
Por la noche no venía si estaba oscuro
At night she would not come if it was dark
porque era una cosita tímida
because she was a timid little thing
pero si había luna, vendría
but if there was a moon she would come
No le tengo miedo a la oscuridad
I am not afraid of the dark
pero ella es más joven que yo
but she is younger than I am
ella nació después de que yo fuera
she was born after I was
Muchas y muchas son las visitas que le he hecho
Many and many are the visits I have paid her
Ella es mi consuelo y refugio cuando mi vida es dura
she is my comfort and refuge when my life is hard
y mi vida está hecha principalmente de momentos duros
and my life is mainly made from hard moments

MARTES - TUESDAY

Toda la mañana estuve trabajando en la mejora de la finca
All the morning I was at work improving the estate
y me mantuve alejado de él a propósito
and I purposely kept away from him
con la esperanza de que se sintiera solo y viniera
in the hope that he would get lonely and come
Pero no vino a mí
But he did not come to me
Al mediodía me detuve por el día
At noon I stopped for the day
y me llevé mi recreación
and I took my recreation
Revoloteaba con las abejas y las mariposas
I flitted about with the bees and the butterflies
y me deleité con las flores
and I revelled in the flowers
esas hermosas y felices criaturitas
those beautiful happy little creatures
atrapan la sonrisa de Dios del cielo
they catch the smile of God out of the sky
¡Y conservan la sonrisa!
and they preserve the smile!
Los recogí y los convertí en guirnaldas
I gathered them and made them into wreaths
y me vestí de flores
and I clothed myself in flowers
Comí mi almuerzo; manzanas
I ate my luncheon; apples
Claro; luego me senté a la sombra
of course; then I sat in the shade
y deseé y esperé
and I wished and waited
Pero no vino
But he did not come

Pero no es una pérdida
But it is of no loss
Nada habría salido de ello
Nothing would have come of it
porque no le importan las flores
because he does not care for flowers
Los llamaba basura
He called them rubbish
y no puede distinguir lo uno de lo otro
and he cannot tell one from another
Y piensa que es superior sentirse así
and he thinks it is superior to feel like that
A él no le importa, flores

He does not care for me, flowers
ni le importa el cielo pintado por la noche
nor does he care for the painted sky in the evening
¿Hay algo que le importe?
is there anything he does care for?
No le importa nada más que construir chozas
he cares for nothing except building shacks
los construye para encerrarse
he builds them to coop himself up
pero está lejos de la buena lluvia limpia
but he's away from the good clean rain
y no prueba los frutos
and he does not sample the fruits

Puse un palo seco en el suelo
I laid a dry stick on the ground
y traté de hacerle un agujero con otro
and I tried to bore a hole in it with another one
con el fin de llevar a cabo un plan que yo tenía
in order to carry out a scheme that I had
y pronto me llevé un susto espantoso
and soon I got an awful fright
Una fina película azulada transparente salió del agujero
A thin, transparent bluish film rose out of the hole
y dejé caer todo y corrí
and I dropped everything and ran
Pensé que era un espíritu
I thought it was a spirit
¡Y estaba tan asustada!
and I was so frightened!
Pero miré hacia atrás y no venía;
But I looked back and it was not coming;
así que me apoyé en una roca
so I leaned against a rock
y descansé y jadeé
and I rested and panted
y dejé que mis miembros siguieran temblando
and I let my limbs go on trembling
Finalmente volvieron a estar estables
finally they were steady again
luego me arrastré cautelosamente hacia atrás
then I crept warily back
Estaba alerta, observando y listo para volar
I was alert, watching, and ready to fly
Correría si hubiera ocasión
I would run if there was occasion
cuando estuve cerca, partí las ramas de un rosal
when I was near I parted the branches of a rose-bush
y me asomé a través del rosal
and I peeped through the rose-bush

y deseé que el hombre estuviera cerca
and I wished the man was about
Me veía tan astuta y bonita
I was looking so cunning and pretty
pero el espíritu se había ido
but the spirit was gone
Fui a donde estaba el espíritu
I went where the spirit was
Había una pizca de delicado polvo rosado en el agujero
there was a pinch of delicate pink dust in the hole
Metí el dedo para sentirlo
I put my finger in to feel it
y yo dije "¡ay!"
and I said "ouch!"
y lo volví a sacar
and I took it out again
Era un dolor cruel
It was a cruel pain
Me llevo el dedo a la boca
I put my finger in my mouth
Me paré sobre un pie y luego sobre el otro, gruñendo
I stood on one foot and then the other, grunting
Pronto alivié mi miseria
I presently eased my misery
entonces me llené de interés y comencé a examinar
then I was full of interest and I began to examine

Tenía curiosidad por saber qué era el polvo rosa
I was curious to know what the pink dust was
De repente se me ocurrió el nombre
Suddenly the name of it occurred to me
Nunca antes había oído hablar de él
I had never heard of it before
pero sabía que era FUEGO!
but I knew it was FIRE!
Estaba tan seguro de ello
I was as certain of it
tan seguro como una persona puede estar de cualquier cosa en el mundo
as certain as a person could be of anything in the world
Así que, sin dudarlo, le puse ese nombre: fuego
So without hesitation I named it that — fire

Había creado algo que antes no existía
I had created something that didn't exist before
Había añadido algo nuevo al mundo
I had added a new thing to the world
este mundo lleno de fenómenos incontables
this world full of uncountable phenomena
Me di cuenta de esto y me sentí orgullosa de mi logro
I realized this and I was proud of my achievement
e iba a correr a buscarlo
and was going to run and find him
Quería contárselo
I wanted tell him about it
Pensé que podría elevarme en su estima

I thought it might raise myself in his esteem
pero reflexioné sobre ello
but I reflected on it
y no lo hice
and I did not do it
No, no le importaría
No, he would not care for it
Preguntaba para qué servía
He would ask what it was good for
¿Y qué podía responder?
and what could I answer?
no servía para algo, era simplemente bello
it was not good for something, it was merely beautiful

Así que suspiré, y no fui
So I sighed, and I did not go
Porque no servía para nada
Because it wasn't good for anything
no podía construir una choza
it could not build a shack
no podía mejorar el melón
it could not improve melon
no podía apurar una cosecha de frutas
it could not hurry a fruit crop
Era una vanidad inútil y tonta
it was useless and foolish vanity
Lo despreciaba y decía palabras cortantes
he would despise it and say cutting words
Pero para mí no era despreciable
But to me it was not despicable
Le dije: "Oh, fuego, te amo"
I said, "Oh, you fire, I love you"
"Delicada criatura rosa, eres HERMOSA"
"you dainty pink creature, you are BEAUTIFUL"
"¡Y ser bella es suficiente!"
"and being beautiful is enough!"
y yo iba a recogerlo contra mi pecho, pero me contuve
and I was going to gather it to my breast, but refrained
Entonces pensé en otra máxima
Then I thought of another maxim
Era muy similar a la primera
it was very similar to the first one
Tenía miedo de que fuera un plagio
I was afraid it was a plagiarism
"EL EXPERIMENTO QUEMADO REHÚYE EL FUEGO"
"THE BURNT EXPERIMENT SHUNS THE FIRE"
Repetí mi experimento
I repeated my experiment
Había hecho una buena cantidad de polvo de fuego
I had made a good deal of fire-dust

y lo vacié en un puñado de hierba marrón seca
and I emptied it into a handful of dry brown grass
Tenía la intención de llevármelo a casa
I was intending to carry it home
y quería conservarlo y jugar con él
and I wanted to keep it and play with it
pero el viento lo golpeó y se roció
but the wind struck it and it sprayed up
y me escupió ferozmente
and it spat out at me fiercely
y lo dejé caer y corrí
and I dropped it and ran
Cuando miré hacia atrás, el espíritu azul se elevaba
When I looked back the blue spirit was towering up
y se estiraba y rodaba como una nube
and it was stretching and rolling away like a cloud
y al instante pensé en su nombre: ¡HUMO!
and instantly I thought of the name of it — SMOKE!
y le prometo que nunca antes había oído hablar del humo
and upon my word, I had never heard of smoke before

Pronto se dispararon brillantes llamaradas amarillas y rojas
Soon brilliant yellow and red flares shot up
se dispararon a través del humo
they shot up through the smoke
y los nombré en un instante: LLAMAS
and I named them in an instant — FLAMES
Y también tenía razón en esto
and was right about this too
a pesar de que estas eran las primeras llamas que había habido
even though these were the very first flames there had ever been
Se subieron a los árboles y brillaron espléndidamente
They climbed the trees and they flashed splendidly
Había un volumen creciente de humo que caía
there was increasing volume of tumbling smoke
y las llamas bailaban dentro y fuera del humo
and the flames danced in and out of the smoke
y tuve que aplaudir y reír y bailar
and I had to clap my hands and laugh and dance
Era tan nuevo y extraño
it was so new and strange
¡Y fue tan maravilloso y hermoso!
and it was so wonderful and beautiful!

Vino corriendo, se detuvo y miró
He came running, and he stopped and gazed
No dijo ni una palabra durante muchos minutos
he said not a word for many minutes
Luego preguntó qué era
Then he asked what it was
Es una lástima que haya hecho una pregunta tan directa
it a shame he asked such a direct question
Tenía que contestarla, por supuesto, y lo hice
I had to answer it, of course, and I did
si le molestaba, ¿qué podía hacer?
if it annoyed him, what could I do?
no es mi culpa que supiera lo que era

it's not my fault that I knew what it was
Dije que era fuego
I said it was fire
No tenía ningún deseo de molestarlo
I had no desire to annoy him
Después de una pausa preguntó: "¿Cómo llegó?"
After a pause he asked: "How did it come?"
Esta pregunta también tenía que tener una respuesta directa
this question also had to have a direct answer
"Lo logré", respondí
"I made it" I answered
El fuego se alejaba cada vez más
The fire was travelling farther and farther away
Se acercó al borde del lugar quemado
He went to the edge of the burned place
Y se quedó mirándola
and he stood looking down at it
y él dijo: "¿Qué son estos?"
and he said: "What are these?"
Le dije que eran brasas
I told him they were fire-coals
Cogió uno para examinarlo
He picked up one to examine it
Pero cambió de opinión y volvió a dejarlo
but he changed his mind and put it down again
Luego se fue
Then he went away
NADA le interesa
NOTHING interests him

Pero me interesaba
But I was interested
Había cenizas, grises, suaves, delicadas y bonitas
There were ashes, gray and soft and delicate and pretty
Supe lo que eran de inmediato
I knew what they were straight away
Y las brasas; Yo también conocía las brasas
And the embers; I knew the embers, too
Encontré mis manzanas y las rastrillé
I found my apples and I raked them out
y me alegré porque soy muy joven
and I was glad because I am very young
Así que mi apetito sigue muy activo

so my appetite is still very active
Pero el experimento me decepcionó
But I was disappointed by the experiment
porque todas las manzanas se abrieron y se echaron a perder
because all the apples were burst open and spoiled
al menos, pensé que estaban malcriados
at least, I thought they were spoiled
pero en realidad no estaban estropeados
but they were not actually spoiled
Eran mejores que los crudos
they were better than raw ones
El fuego es hermoso y algún día será útil, creo
Fire is beautiful and some day it will be useful, I think

VIERNES - FRIDAY

Lo volví a ver por un momento
I saw him again, for a moment
el lunes pasado al anochecer, pero solo por un momento
last Monday at nightfall, but only for a moment
Esperaba que me elogiara por tratar de mejorar la finca
I was hoping he would praise me for trying to improve the estate
porque tenía buenas intenciones y había trabajado duro
because I had meant well and had worked hard
Pero él no estaba contento, se dio la vuelta y me dejó
But he was not pleased and he turned away and left me
También estaba disgustado por otro motivo
He was also displeased on another account
Traté de persuadirlo para que dejara de pasar por encima de las cascadas
I tried to persuade him to stop going over the water falls
El fuego me había revelado una nueva sensación
the fire had revealed to me a new feeling
Este sentimiento era bastante nuevo
this feeling was quite new
Se sentía claramente diferente del amor o el dolor
it felt distinctly different from love or grief
y era diferente de las otras pasiones que había descubierto
and it was different from the other passions I had discovered
este nuevo sentimiento era MIEDO y es horrible!
this new feeling was FEAR and it is horrible!
Ojalá nunca lo hubiera descubierto
I wish I had never discovered it
me da momentos oscuros y estropea mi felicidad
it gives me dark moments and spoils my happiness
me hace temblar y temblar y estremecerme
it makes me shiver and tremble and shudder
Pero no pude persuadirlo
But I could not persuade him
Todavía no ha descubierto el miedo

he has not discovered fear yet
para que no pudiera entenderme
so he could not understand me

- Extracto del Diario de Adán -
- Extract from Adam's Diary -

Tal vez debería recordar que es muy joven
Perhaps I ought to remember that she is very young
Todavía no es más que una simple niña
she is still but a mere girl
y debería hacer concesiones
and I should make allowances

Ella es todo interés, entusiasmo, vivacidad
She is all interest, eagerness, vivacity
Ella encuentra el mundo infinitamente encantador
she finds the world endlessly charming
una maravilla, un misterio, una alegría
a wonder, a mystery, a joy
No puede hablar de alegría cuando encuentra una nueva flor
she can't speak for delight when she finds a new flower
Debe acariciarlo y acariciarlo
she must pet it and caress it
Y ella tiene que olerlo y hablar con él
and she has to smell it and talk to it
y derrama nombres entrañables sobre ella
and she pours out endearing names upon it
Y está loca por el color; rocas marrones, arena amarilla
And she is color-mad; brown rocks, yellow sand
musgo gris, follaje verde, cielo azul, la perla del amanecer
gray moss, green foliage, blue sky, the pearl of the dawn
las sombras púrpuras en las montañas
the purple shadows on the mountains
las islas doradas flotando en mares carmesí al atardecer
the golden islands floating in crimson seas at sunset
la pálida luna navegando a través de la estantería de nubes destrozada
the pallid moon sailing through the shredded cloud-rack
las joyas estelares que brillan en los páramos del espacio
the star-jewels glittering in the wastes of space
Ninguno de estos nombres tiene ningún valor práctico
none of these names are of any practical value
no hay ningún valor en ellos, por lo que puedo ver
there's no value in them as far as I can see
pero tienen color y majestuosidad
but they have color and majesty
Y eso es suficiente para ella
and that is enough for her
y pierde la cabeza por ellos

and she loses her mind over them
Si tan solo pudiera calmarse un poco
If only she could quiet down a little
Ojalá se quedara quieta un par de minutos a la vez
I wish she kept still a couple minutes at a time
Sería un espectáculo reposado
it would be a reposeful spectacle
En ese caso, creo que podría disfrutar mirándola
In that case I think I could enjoy looking at her
de hecho, estoy seguro de que podría disfrutar de su compañía
indeed, I am sure I could enjoy her company
Me estoy dando cuenta de que es una criatura bastante notable
I am coming to realize that she is a quite remarkable creature
ágil, esbelto, esbelto, redondeado
lithe, slender, trim, rounded
bien formado, ágil, elegante
shapely, nimble, graceful
y una vez estaba de pie, blanca como el mármol
and once she was standing as white as marble
Estaba en una roca y bañada por el sol
she was on a boulder, and drenched in the sun
Se quedó de pie con su joven cabeza inclinada hacia atrás
she stood with her young head tilted back
y su mano se cubría los ojos
and her hand was shading her eyes
Estaba observando el vuelo de un pájaro en el cielo
she was watching the flight of a bird in the sky
Reconocí que era hermosa
I recognized that she was beautiful

LUNES MEDIODÍA - MONDAY NOON
¿Hay algo que no le interese?
Is there anything that she is not interested in?
Si hay algo, no está en mi lista
if there is something, it is not in my list
Hay animales a los que les soy indiferente
There are animals that I am indifferent to
Pero no es así con ella
but it is not so with her
Ella no tiene discriminación
She has no discrimination
ella se lleva a todos los animales
she takes to all the animals
Ella piensa que todos son tesoros
she thinks they are all treasures
Cada nuevo animal es bienvenido
every new animal is welcome

Tomemos como ejemplo al poderoso brontosaurio
take the mighty brontosaurus as an example
Lo consideraba una adquisición
she regarded it as an acquisition
Lo consideré una calamidad
I considered it a calamity
Esa es una buena muestra de la falta de armonía
that is a good sample of the lack of harmony
una falta de armonía entre nuestros puntos de vista de las cosas

a lack of harmony between our views of things
Quería domesticarlo
She wanted to domesticate it
Quería darle la casa y mudarme
I wanted to give it the house and move out
Creía que podía ser domado con un trato amable
She believed it could be tamed by kind treatment
y pensó que sería una buena mascota
and she thought it would be a good pet
Traté de convencerla de lo contrario
I tried to convince her otherwise
Una mascota de veintiún pies de altura no es algo para tener en casa
a pet twenty-one feet high is no thing to have at home
Incluso con las mejores intenciones podría sentarse en la casa
even with the best intentions it could sit down on the house
no tendría por qué significar ningún daño
it wouldn't have to mean any harm
pero aún así podría aplastar la casa con bastante facilidad
but it could still mash the house quite easily
porque cualquiera podía ver que estaba distraído
for anyone could see that it was absent-minded
porque tenía un vacío detrás de sus ojos
because it had an emptiness behind its eyes
Aun así, su corazón estaba decidido a tener a ese monstruo
Still, her heart was set upon having that monster
Y no podía renunciar a ello
and she couldn't give it up
Pensó que podíamos empezar una lechería con él
She thought we could start a dairy with it
y ella quería que yo le ayudara a ordeñarla
and she wanted me to help milk it
pero no lo ordeñaría
but I wouldn't milk it
Era demasiado arriesgado

it was too risky
El sexo tampoco era el adecuado para ordeñar
The sex wasn't right for milking either
Y no teníamos una escalera de todos modos
and we didn't have a ladder anyway
Entonces quiso montarlo
Then she wanted to ride it
Pensó que tendría una mejor vista del paisaje
she thought she would get a better view of the scenery
Treinta o cuarenta pies de su cola yacían en el suelo
Thirty or forty feet of its tail was lying on the ground
Tenía todo el tamaño de un árbol caído
it had all the size of a fallen tree
Y pensó que podía escalarlo
and she thought she could climb it
Pero se equivocó
but she was mistaken
Cuando llegó al lugar empinado, estaba demasiado resbaladizo
when she got to the steep place it was too slick
Y ella volvió a deslizarse hacia abajo
and she came sliding back down
Se habría hecho daño a sí misma si no fuera por mí
she would have hurt herself if it wasn't for me

¿Estaba satisfecha ahora? No
Was she satisfied now? No
Nada la satisface más que la demostración
Nothing ever satisfies her but demonstration
No mantuvo las teorías sin probar por mucho tiempo
she didn't keep theories untested for long
Es el espíritu correcto, lo reconozco
It is the right spirit, I concede
Es lo que me atrae de ella
it is what attracts me to her
Siento la influencia de ello
I feel the influence of it
si estuviera más con ella creo que me volvería más aventurero
if I were with her more I think I would become more adventurous
Bueno, le quedaba una teoría sobre este coloso
Well, she had one theory remaining about this colossus
Pensó que si podíamos domarlo podríamos pararnos en el río

she thought that if we could tame it we could stand in the river
Si lo hiciéramos nuestro amigo, podríamos usarlo como un puente
if we made him our friend we could use him as a bridge
Resultó que ya era lo suficientemente manso
It turned out that he was already plenty tame enough
Era bastante manso en lo que a ella se refería
he was tame enough as far as she was concerned
Así que intentó su teoría, pero fracasó
so she tried her theory, but it failed
Lo colocó correctamente en el río
she got him properly placed in the river
y ella bajó a tierra para cruzarlo
and she went ashore to cross over him
Pero él salió y la siguió a todas partes
but he came out and followed her around
como una montaña de mascotas
like a pet mountain
Al igual que los demás animales
Like the other animals
Todos lo hacen
They all do that

- Diario de Eva -
- Eve's Diary –

Martes, miércoles, jueves y hoy:
Tuesday, Wednesday, Thursday, and today:
No lo vi ninguno de estos días
I didn't see him any of these days
Es mucho tiempo para estar solo
It is a long time to be alone
Aun así, es mejor estar solo que no ser bienvenido
still, it is better to be alone than unwelcome

VIERNES - FRIDAY
Tenía que tener compañía
I HAD to have company
Fui hecho para tener compañía, creo
I was made for having company, I think
así que me hice amigo de los animales
so I made friends with the animals
Son tan encantadores
They are just so charming
y tienen el carácter más bondadoso
and they have the kindest disposition
y tienen las formas más educadas
and they have the politest ways
Nunca se ven amargados ni te dejan sentir que te estás entrometiendo
they never look sour or let you feel that you are intruding
Te sonríen y mueven la cola
they smile at you and wag their tail
Al menos, cuentan su historia si es que la tienen
at least, they wag their tale if they've got one
y siempre están listos para un jugueteo o una excursión
and they are always ready for a romp or an excursion
Están listos para cualquier cosa que quieras proponer
they're ready for anything you want to propose

Creo que son perfectos caballeros
I think they are perfect gentlemen
Todos estos días lo hemos pasado tan bien
All these days we have had such good times
Y no ha sido solitario para mí, nunca
and it hasn't been lonesome for me, ever

¡Solitario! No, debería decir que no
Lonesome! No, I should say not
siempre hay un enjambre de ellos alrededor
there's always a swarm of them around
a veces hasta cuatro o cinco acres
sometimes as much as four or five acres
Cuando te paras en una roca, puedes verlos a kilómetros de distancia
when you stand on a rock you can see them for miles

Están moteados y salpicados y alegres de color
they are mottled and splashed and gay with color
y hay un brillo y un destello de sol
and there's a frisking sheen and sun-flash
y el paisaje está tan ondulado con rayas
and the landscape is so rippled with stripes
Se podría pensar que era un lago
you might think it was a lake
pero sabes que no es un lago en absoluto
but you know it isn't a lake at all
y hay tormentas de pájaros sociables
and there are storms of sociable birds
y hay huracanes de alas zumbantes
and there are hurricanes of whirring wings
y el sol golpea toda esa conmoción plumosa
and the sun strikes all that feathery commotion
Puedes ver un resplandor de todos los colores que se te ocurran
you can see a blazing up of all the colors you can think of
Colores suficientes para sacarte los ojos
enough colours to put your eyes out

Hemos hecho largas excursiones
We have made long excursions
y he visto mucho del mundo
and I have seen a great deal of the world
Creo que lo he visto casi todo
I think I've seen almost all of it
Debo ser el primer viajero
I must be first traveler
y yo soy el único viajero
and I am the only traveller
Cuando estamos en marcha, es un espectáculo imponente
When we are on the march, it is an imposing sight
No hay nada igual en ninguna parte
there's nothing like it anywhere
Para mayor comodidad monto un tigre o un leopardo
For comfort I ride a tiger or a leopard
porque son suaves y tienen espaldas redondas que me quedan bien
because they are soft and have round backs that fit me
y porque son animales tan bonitos
and because they are such pretty animals
pero para largas distancias, o para paisajes, monto el elefante
but for long distance, or for scenery, I ride the elephant
Me levanta con su baúl
He hoists me up with his trunk
pero puedo salir de mí mismo
but I can get off myself
Cuando estamos listos para acampar, él se sienta
when we are ready to camp he sits
y me deslizo por su espalda
and I slide down off his back

Las aves y los animales son amigables entre sí
The birds and animals are all friendly to each other
y no hay disputas sobre nada
and there are no disputes about anything
Todos hablan entre ellos y conmigo
They all talk with each other and to me
pero debe ser una lengua extranjera
but it must be a foreign language
porque no puedo entender una palabra de lo que dicen
because I cannot make out a word they say
sin embargo, a menudo me entienden cuando les respondo
yet they often understand me when I talk back
El perro y el elefante me entienden particularmente bien
the dog and the elephant understand me particularly well

Me da vergüenza
It makes me ashamed
Demuestra que son más inteligentes que yo
It shows that they are more intelligent than I am
pero quiero ser el experimento principal
but I want to be the main experiment
y pretendo ser el experimento principal
and I intend to be the main experiment
He aprendido varias cosas
I have learned a number of things
y ahora estoy educado
and I am educated, now
pero al principio no tenía educación
but I wasn't educated at first
Al principio era ignorante
I was ignorant at first
Al principio me molestaba
At first it used to vex me
porque nunca fui lo suficientemente inteligente
because I was never smart enough
No era lo suficientemente inteligente a pesar de lo mucho que observaba
I wasn't smart enough despite how much I observed
Nunca estuve cerca cuando el agua corría cuesta arriba
I was never around when the water was running uphill
pero ahora no me importa
but now I do not mind it
He experimentado y experimentado
I have experimented and experimented
Sé que nunca corre cuesta arriba, excepto en la oscuridad
I know it never runs uphill, except in the dark
Sé que corre cuesta arriba cuando está oscuro
I know it does run uphill when it is dark
porque la piscina nunca se seca
because the pool never goes dry
Se secaría si el agua no volviera por la noche

it would dry up if the water didn't come back in the night
Lo mejor es probar las cosas mediante un experimento real
It is best to prove things by actual experiment
si haces un experimento, entonces SABES
if you do an experiment then you KNOW
mientras que si dependes de adivinar, nunca te educas
whereas if you depend on guessing you never get educated

Pensar en las cosas tampoco es suficiente
thinking about things is not enough either
Algunas cosas que NO PUEDES averiguar
Some things you CAN'T find out
pero nunca sabrás que no puedes adivinando y suponiendo:
but you will never know you can't by guessing and supposing:
No, hay que tener paciencia y seguir experimentando
no, you have to be patient and go on experimenting
hasta que descubres que no puedes averiguarlo
until you find out that you can't find out
Y es una delicia tenerlo así
And it is delightful to have it that way
hace que el mundo sea tan interesante
it makes the world so interesting
Si no hubiera nada que averiguar, sería aburrido
If there wasn't anything to find out, it would be dull
Incluso no enterarse es igual de interesante
Even not finding out is just as interesting
A veces no descubrirlo es tan interesante como averiguarlo
sometimes not finding out is as interesting as finding out
El secreto del agua era un tesoro hasta que lo conseguí
The secret of the water was a treasure until I got it
Entonces toda la emoción desapareció
then the excitement all went away
y reconocí una sensación de pérdida
and I recognized a sense of loss

Por experimento sé que la madera nada
By experiment I know that wood swims
Las hojas secas, las plumas y otras cosas también flotan
dry leaves, feathers, and other things float too
para que sepas que una roca puede nadar
so you can know that a rock can swim
porque ha recopilado pruebas acumuladas
because you've collected cumulative evidence
pero hay que aguantar el simple hecho de saberlo
but you have to put up with simply knowing it
porque no hay forma de probarlo
because there isn't any way to prove it
Al menos hasta ahora no hay forma de demostrarlo

at least up until now there's no way to prove it
Pero encontraré la manera
But I shall find a way
entonces esa emoción se irá
then that excitement will go
Esas cosas me entristecen
Such things make me sad
Poco a poco llegaré a saberlo todo
by and by I will come to know everything
y entonces no habrá más emoción
and then there won't be any more excitement
¡Y me encantan las emociones!
and I do love excitements so much!
La otra noche no pude dormir
The other night I couldn't sleep
Estuve pensando mucho en ello
I was thinking so much about it

Al principio no podía establecer para qué estaba hecho
At first I couldn't establish what I was made for
pero ahora creo que sé para qué fui hecho
but now I think I know what I was made for
Fui hecho para buscar los secretos de este maravilloso mundo
I was made to search out the secrets of this wonderful world
y estoy hecho para ser feliz
and I am made to be happy
Creo que el Dador de todo esto por idearlo
I think the Giver of it all for devising it
Creo que todavía hay muchas cosas que aprender
I think there are still many things to learn
y espero que siempre haya más que aprender
and I hope there will always be more to learn
por no apresurarme demasiado creo que durarán semanas y semanas
by not hurrying too fast I think they will last weeks and weeks
Espero que me quede mucho por descubrir
I hope I have so much left to discover
Cuando lanzas una pluma, se aleja en el aire
When you cast up a feather it sails away on the air
y luego se pierde de vista
and then it goes out of sight
Cuando vomitas un terrón, no actúa como una pluma
when you throw up a clod it doesn't act like a feather
Baja, cada vez
It comes down, every time
Lo he probado y lo he probado
I have tried it and tried it
Y siempre es así
and it is always this way
Me pregunto por qué es
I wonder why it is
Por supuesto que NO baja
Of course it DOESN'T come down

pero ¿por qué PARECE bajar?
but why does it SEEM to come down?
Supongo que es una ilusión óptica
I suppose it is an optical illusion
Es decir, una de ellas es una ilusión óptica
I mean, one of them is an optical illusion
No sé cuál es una ilusión óptica
I don't know which one is an optical illusion
Puede ser la pluma, puede ser el terrón
It may be the feather, it may be the clod
No puedo probar cuál es
I can't prove which it is
Solo puedo demostrar que uno u otro es falso
I can only demonstrate that one or the other is a fake
y te dejo que elijas
and I let you take your choice

Al mirar, sé que las estrellas no van a durar
By watching, I know that the stars are not going to last
He visto derretirse algunos de los mejores
I have seen some of the best ones melt
y luego corrieron por el cielo
and then they ran down the sky
Como uno puede derretirse, todos pueden derretirse
Since one can melt, they can all melt
Como todos pueden derretirse, todos pueden derretirse la misma noche
since they can all melt, they can all melt the same night
Ese dolor vendrá, lo sé
That sorrow will come, I know it
Me refiero a sentarme todas las noches y mirarlos
I mean to sit up every night and look at them
siempre y cuando pueda mantenerme despierto
as long as I can keep awake
y grabaré en mi memoria esos campos centelleantes
and I will impress those sparkling fields on my memory
para que yo pueda por mi fantasía restaurar esas hermosas miríadas
so that I can by my fancy restore those lovely myriads
entonces puedo volver a ponerlos en el cielo negro, cuando se los quiten
then I can put them back into the black sky, when they are taken away
y puedo hacerlos brillar de nuevo
and I can make them sparkle again
y puedo doblarlos por el borrón de mis lágrimas
and I can double them by the blur of my tears

- Después de la caída -
- After the Fall –

Cuando miro hacia atrás, el Jardín es un sueño para mí
When I look back, the Garden is a dream to me
Era hermoso, incomparablemente hermoso,
encantadoramente hermoso
It was beautiful, surpassingly beautiful, enchantingly beautiful
y ahora el jardín se ha perdido
and now the garden is lost
y no lo veré más
and I shall not see it any more

El Jardín está perdido, pero yo lo he encontrado
The Garden is lost, but I have found him
y estoy contento con eso
and I am content with that
Él me ama lo mejor que puede
He loves me as well as he can
Lo amo con toda la fuerza de mi naturaleza apasionada
I love him with all the strength of my passionate nature
y esto es propio de mi juventud y sexo, creo
and this is proper to my youth and sex, I think
Si me pregunto por qué lo amo, me doy cuenta de que no lo sé
If I ask myself why I love him, I find I do not know
y realmente no me interesa saberlo
and I do not really care to know
así que supongo que este tipo de amor no es un producto del razonamiento
so I suppose this kind of love is not a product of reasoning
Este amor no tiene nada que ver con las estadísticas
this love has nothing to do with statistics
Es diferente a la forma en que uno ama a los animales
it is different to the way one loves the animals
Creo que así debe ser
I think that this must be so
Me encantan ciertos pájaros por su canto
I love certain birds because of their song
pero no amo a Adán a causa de su canto
but I do not love Adam on account of his singing
No, no es que
No, it is not that
cuanto más canta, más no me reconcilio con él
the more he sings the more I do not get reconciled to it
Sin embargo, le pido que cante
Yet I ask him to sing
porque deseo aprender a gustarle todo lo que le interesa
because I wish to learn to like everything he is interested in

Estoy seguro de que puedo aprender
I am sure I can learn
porque al principio no podía soportarlo, pero ahora puedo
because at first I could not stand it, but now I can
Agria la leche, pero no importa
It sours the milk, but it doesn't matter
Puedo acostumbrarme a ese tipo de leche
I can get used to that kind of milk

No es por su brillo que lo amo
It is not on account of his brightness that I love him
No, no es eso
no, it is not that
Él no tiene la culpa de su brillo
He is not to blame for his brightness
porque no lo hizo él mismo
because he did not make it himself
él es como Dios lo hizo
he is as God made him
Y eso es suficiente de la manera en que él es
and that is sufficient the way he is
Había un sabio propósito en ello, que yo sepa
There was a wise purpose in it, that I know
Con el tiempo, el propósito se desarrollará
In time the purpose will develop
aunque creo que no será repentino
though I think it will not be sudden
Y además, no hay prisa
and besides, there is no hurry
Él es lo suficientemente bueno tal como es
he is good enough just as he is
No es su gracia por la que lo amo
It is not his grace for which I love him
y no lo amo por su naturaleza delicada
and I do not love him for his delicate nature
Tampoco sería considerado por amor
he would not be considerate for love either
No, le falta en estos aspectos
No, he is lacking in these regards
pero él está bastante bien tal como está
but he is well enough just as he is
Y está mejorando
and he is improving

No es por su laboriosidad que lo amo
It is not on account of his industry that I love him
No, no es que
No, it is not that
Creo que lo tiene dentro
I think he has it in him
y no sé por qué me lo oculta
and I do not know why he conceals it from me
Es mi único dolor
It is my only pain

Por lo demás, ahora es franco y abierto conmigo
Otherwise he is frank and open with me, now
Estoy seguro de que no me oculta nada más que esto
I am sure he keeps nothing from me but this
Me duele que tenga un secreto para mí
It grieves me that he should have a secret from me
y a veces me estropea el sueño pensar en ello
and sometimes it spoils my sleep thinking of it
pero lo sacaré de mi mente
but I will put it out of my mind
no turbará mi felicidad
it shall not trouble my happiness
mi felicidad ya está casi desbordada
my happiness is already almost overflowing
No es por su educación que lo amo
It is not on account of his education that I love him
No, no es que
No, it is not that
Es autodidacta
He is self-educated
Y realmente sabe una multitud de cosas
and he does really know a multitude of things
No es por su caballerosidad por lo que lo amo
It is not on account of his chivalry that I love him
No, no es que
No, it is not that
Me lo delató, pero no lo culpo
He told on me, but I do not blame him
es una peculiaridad del sexo, creo
it is a peculiarity of sex, I think
y no hizo su sexo
and he did not make his sex
Por supuesto que no lo habría delatado
Of course I would not have told on him
Habría perecido antes de delatarlo
I would have perished before telling on him

Pero esa es también una peculiaridad del sexo
but that is a peculiarity of sex, too
y no me atribuyo el mérito de ello
and I do not take credit for it
porque yo no hice mi sexo
because I did not make my sex
Entonces, ¿por qué lo amo?
Then why is it that I love him?
SIMPLEMENTE PORQUE ES MASCULINO, creo
MERELY BECAUSE HE IS MASCULINE, I think

En el fondo es bueno, y lo amo por eso
At bottom he is good, and I love him for that
pero podía amarlo sin que fuera bueno
but I could love him without him being good
Si me golpeaba y abusaba de mí, podía seguir amándolo
If he beat me and abused me I could go on loving him
Sé que es así
I know it is that way
Es una cuestión de mi sexo, creo
It is a matter of my sex, I think
Es fuerte y guapo
He is strong and handsome
y lo amo por eso
and I love him for that
y lo admiro
and I admire him
y estoy orgulloso de él
and am proud of him
pero podría amarlo sin esas cualidades
but I could love him without those qualities
Si fuera sencillo, todavía lo amaría
If he were plain, I would still love him
si fuera un naufragio, todavía lo amaría
if he were a wreck, I would still love him
y trabajaría para él
and I would work for him
y yo me esclavizaría sobre él
and I would slave over him
y yo rezaba por él
and I would pray for him
y yo velaría junto a su cama hasta que muriera
and I would watch by his bedside until I died

Sí, creo que lo amo simplemente porque es MÍO
Yes, I think I love him merely because he is MINE
y lo amo porque es MASCULINO
and I love him because he is MASCULINE
No hay otra razón, supongo
There is no other reason, I suppose
Y así creo que es como dije al principio
And so I think it is as I first said
Este tipo de amor no es producto del razonamiento y las estadísticas
this kind of love is not a product of reasoning and statistics
Este tipo de amor viene por sí mismo
this kind of love just comes by itself
Nadie sabe cuándo llegará

No one knows when it will come
y el amor no puede explicarse a sí mismo
and love cannot explain itself
El amor no necesita explicarse a sí mismo
love doesn't need to explain itself
eso es lo que pienso, pero solo soy una niña
that is what I think, but I am only a girl
Soy la primera chica que ha examinado este asunto
I am the first girl that has examined this matter
aunque, por inexperiencia, puede que no haya acertado
although, out of inexperience, I may not have gotten it right

- Cuarenta años después -
- Forty Years Later –

Es mi oración, es mi anhelo;
It is my prayer, it is my longing;
Rezo para que pasemos juntos de esta vida
I pray that we pass from this life together
Este anhelo nunca perecerá de la tierra
this longing shall never perish from the earth
pero tendrá lugar en el corazón de toda esposa que ama
but it shall have place in the heart of every wife that loves
hasta el fin de los tiempos
until the end of time
y será llamada por mi nombre; Eva
and it shall be called by my name; Eve

Pero si uno de nosotros tiene que ir primero, ruego que sea yo
But if one of us must go first, it is my prayer that it shall be I
porque él es fuerte, yo soy débil
for he is strong, I am weak
Yo no soy tan necesario para él como él lo es para mí
I am not as necessary to him as he is to me
La vida sin él no sería vida
life without him would not be life
¿Cómo podría soportarlo?
how could I endure it?
Esta oración también es inmortal
This prayer is also immortal
Esta oración no cesará de ser ofrecida mientras Mi Raza continúe
this prayer will not cease from being offered up while my race continues
Soy la primera esposa
I am the first wife
y en la última esposa se repetirá
and in the last wife I shall be repeated

- En la tumba de Eva -
- At Eve's Grave –

ADÁN: "Dondequiera que ella estuviera, allí estaba el Edén"
ADAM: "Wheresoever she was, there was Eden"